職務給の法的論点

人事コンサルタントによる
導入実務 をふまえた

弁護士による
法律実務 Q&A

の

JN026918

弁護士
久保原和也
KAZUNARI KUBOHARA

人事コンサルタント
西村 聡
SATOSHI NISHIMURA

共編著

日本法令®

はじめに

　バブル経済崩壊以降の失われた30年、そして今なお進行している
コロナ禍によって経済は大きく後退し、回復までに何年もかかるこ
とになるのでしょう。この間、兼ねてより大きな問題となっていた
非正規雇用労働者の増大と低所得化はさらに深刻化し、貧困化が進
むことになるかもしれません。このなかで、一部の大企業は、自身
にとって都合の良いジョブ型雇用の議論を展開する、あるいは黒字
経営であるにもかかわらず無責任なリストラを断行するなど、日本
の雇用の崩壊が本格的に始まっているように感じます。

　このような未曾有の災禍においては、本来、労使が結束し、困難
に立ち向かっていくための策を真剣に考えなければならないもので
す。しかし、残念ながらその方向に動いているようには見受けられ
ません。同時に、過去1人当たりの国民総生産や労働生産性がそう
高いものではなかったにもかかわらず、「経済大国」という言葉に
踊らされ、これに甘んじてきたつけが、日本を二流、三流国家に転
落させてしまうのではと危機感を持っています。特にバブル経済崩
壊以降、またこれ以前も含め何十年にもわたって続いてきた雇用慣
行、雇用制度をいくら誇ったところで、それがこの国の付加価値生
産性の向上に寄与しなかったことは、現在の状況が明確に示してい
るように思います。

　このようななか、我々には、アフターコロナに向けて、またこれ
からの世代のために、これまでの雇用政策をリセットし、平等で公

正な社会における、多様な働き方を真剣に実現させていくことが求められています。ただ、労働法制が直ちに転換されることはありません。したがって、現状の法制度の下で、人事管理面から何が実現できるかを考えるということになります。

　だからといって、他国とは異なり非正規雇用労働者に限った同一労働同一賃金で満足しているようでは、持続可能な社会の実現はできようはずもありません。既に何十年も失っておきながら、無責任に「落ち着くところに、落ち着くだろう」と、正規雇用労働者目線でいたのでは、平等で公正な社会の実現は進むようには思いません。

　このような問題意識の下、本書は、筆者がこれまで職務基準の人事制度によって組織的公正の追求と同時に、労働生産性の向上を実現してきた手法と考え方をベースに、日本における職務給について法的適合性の観点から解説したものとなっています。

　内容として、第1章は、これまで筆者が人事コンサルタントとして実践してきた職務等級制度の構築手順を、第2章以降は各弁護士が職務等級制度の構築から運用までの法的対応について解説しています。また、制度の設計及び運用上の留意点についてはコラムとして記し、現在、巷で議論されている職務給に関する議論について、わかりやすく解説、整理しています。

　今回、筆者の企画にご賛同いただいた九帆堂法律事務所の久保原和也先生とは旧知の仲であり、二十数年前に一緒に事業を推進し、ときには酒を酌み交わしながら様々な議論をしてきました。そして、数年前から企図していた本取組みにおいて、再び互いに現在の企業の雇用政策に関する問題について、経営的視点と法的視点から議論を積み重ね、これからの雇用や人事管理に関する解決方向を示せたことに感慨もひとしおです。

現在、働き方改革における同一労働同一賃金の流れもあり、職務等級制度への注目が集まっていることは確かです。ただ、これまで職務等級制度について法的観点から整理された書籍がなかったため、色々な誤解がありました。本書をきっかけとし、この先の日本における職務等級制度に対する理解が進み、平等で公正な社会と、これを企業内で実現するための人事管理施策が進むことを願って止みません。

　最後に、各担当分野においてご執筆いただいた九帆堂法律事務所の髙橋優介弁護士、伊藤洋実弁護士、原田宜彦弁護士、伊藤和貴弁護士、そして本書の発行にご尽力いただいた株式会社日本法令・岩倉春光取締役に対して心より感謝申し上げます。

令和3年7月

西村　聡

はじめに

第1章　職務等級制度の理解

西村　聡

第2章　日本型雇用システムと職務給

原田宜彦

第3章　職務給の設計と法理

伊藤洋実

第4章　職務給の導入と法理

伊藤和貴

第5章　職務給の運用と法理

高橋優介

第6章　職務給による多様な働き方の実現

原田宜彦

おわりに

第1章

職務等級制度の理解

本章のねらい

本章では、職務等級制度を構築するプロセスを概観しながら、職務等級制度とはどういう賃金制度なのかについて解説します。

1

職務等級制度構築①
おおまかな流れ

職務等級制度構築の全体の流れは、図表1-1の通りです。

図表1-1 職務等級制度構築の全体の流れ

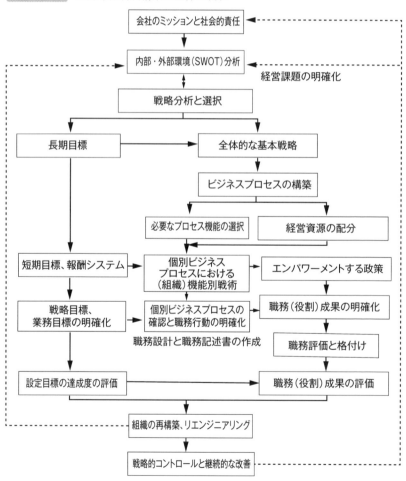

職務等級制度の設計は、図表1－1の通り、組織（企業）が今後の経営環境に適応し、発展することを目的・目標としたビジネスモデルの確立と、これを支えるビジネスプロセスの構築あるいは改革が必要であることを前提としています。

　つまり、「これまでの職務」からの発想ではなく、「今後の経営環境に対応し、経営目標を達成するため」の経営戦略を実現するためのビジネスプロセスの構築から始めることになります。このビジネスプロセスの改革を行い、そのプロセス内の機能に求められる仕事と成果責任を明確にし、そこにその役割（職務）にマッチする人材を考慮し当てはめる（ここに権力関係、階層が入る場合もある）という手順を踏むことになります。

　また、エンパワーメント政策をとるのは、重要なプロセスの中の機能を担当する人に、「今後はどう変わり、今から何をしなければならないか」をイメージさせ、変革に向けての動機付けを行うためです。

　なお、ビジネスプロセスの構築には業務分析が、業務及び職務行動の明確化には職務分析が必要です。職務分析によって新たに設計された職務の内容を明らかにしたものが、職務記述書です。職務記述書は、作成時点で設計されている職務内容を示すものであるため、時間と労力を費やして作成しても、技術革新に伴う素早い環境変化に対応できない等、否定的に捉えられることがあります。

　しかし、経営環境が速く変化すればするほど、管理者は高度なマネジメントをする必要があります。そのためのツールとして、高い頻度で更新された職務記述書が、より重要になるのです。

　職務記述書は、今後、半年から1年間で労働者が何をすべきかを明らかにするものです。見えない未来を、出来る限り見える形（行動）として示したものといえます。労働者に「目指すべき未来」を具体的に示すことができるという意味でも、職務分析、職務記述書は非常に重要です。

職務等級制度構築②
導入までの詳細ステップ

職務等級制度の構築・導入のステップの詳細は、図表1−2の通りです。

図表1−2　職務等級制度構築・導入のステップ

		手　順	内　容	メンバー
STEP1	フェーズ1	1．キックオフ	①社長の方針発表 ②これからのイノベーション活動についての認識の共有 ③プロジェクトの立上げ	
		2．現状把握	環境分析をするための行動計画の策定 ※部門別の環境分析も実施する	経営者層 （管理職以上）
		3．経営環境分析のための調査・分析	①調査（特に、顧客ニーズ、外部環境） ②課題の確認	プロジェクトメンバー
		4．業務調査	①現状の業務の流れと内容の洗出し ②困難度・知識・能力レベルの確認	プロジェクトメンバー
		5．経営課題の確認	①経営目標と上記2〜4の結果をもとに、経営課題を洗い出す ②中長期経営計画の策定 ③部門別課題の検討 ④部門行動計画の策定	各部門責任者
STEP2	フェーズ2	6．新業務フローの構築	①経営課題及び部門課題を踏まえた、新たな業務フローの構築 ②プロセス監視指標の設定 ③業務分析 ④職務設計	プロジェクトメンバー

	手　順	内　容	メンバー
フェーズ2	7．新組織体制の検討	①上記6の新業務フローを組織に落とし込む ②業務分掌の作成 ③会議体の設定	経営者層
STEP3 フェーズ3	8．人事制度の構築	①役割基準及び等級制度の策定 ②職務評価と格付け ③人事考課制度の策定 ④能力開発制度の策定 ⑤目標管理制度の策定 ⑥賃金、賞与、退職金設計 ⑦社員説明会	プロジェクトメンバー
	9．目標設定	新年度目標の設定と個人目標への展開	経営者層 管理・監督者
STEP4 フェーズ4	10．各部門のプロジェクト活動	①新規開拓、深耕策の実行（営業） ②標準化活動 ③現場改善活動　など	プロジェクトメンバー
	11．人事考課者訓練	公平・公正な人事考課を実施するための訓練またはコミュニケーション（フィードバック）能力の向上	一次、二次考課者
	12．新人事制度の運用	①辞令作成 ②ガイドブック作成 ③社員説明会	

STEP 1　経営環境分析による現状把握と経営課題の抽出

　図表1－2のフェーズ1にあるように、まずは経営者の方針発表、そして経営環境分析があります。経営者層、労働者が自ら主体的に外部環境（市場の動向）を調査し、課題を見つけ出すことから始まります。

　ここでは、独りよがりな分析にならないよう、コンサルタントなど第三者を入れて、データに基づいた科学的分析をすることが求められます。

　この分析によって、市場が今後どのように変化していくのか、現在の顧客及び潜在顧客がどう変化していくかなどを予測します。その上で、競合他社との差別化において強化すべき製品・サービスの

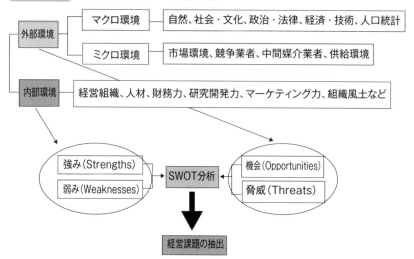

図表1-3 経営環境分析による現状把握

充実や最新設備の導入など、自社の方向性を決めていきます。

　そして何よりも、今後自分たちに求められる能力や課題が見えてくるところに、最大の意味があるのです（図表1-3）。

　マクロ環境的に、グローバル化、人口減少、少子高齢化などによる社会構造（政府部門と民間部門との関係、国と地方自治体との関係、企業と個人との関係）は大きく変化してきています。そのため、新しい法制度等により社会システムがどのように変化していくかという点には、特に注意しておくことが必要です。

　また、地域の生産人口の推計、年齢階級別人口や学生人口の推移、地域に所在する大学の志願者推移などを確認することで、今後の採用市場の予測をすることができます。多様な就業形態に関する法整備や企業事例などの収集、分析も必要です。今後の少子高齢社会における若手労働者の採用難は、中小企業の経営に大きな痛手となり得るため注意しておかなければなりません。

　内部環境的には、競合他社との相対的比較において、コア・コンピタンス（他社に模倣できない中核的能力）を導き出すことが中心になります。同時に、これまでの苦情・クレームあるいは社内での

不適合（製品やシステム）について整理、分析し、弱み（課題）となっている要因を洗い出します。

　分析結果の中には、競合他社について、噂話程度の情報で抽象的かつ非常に稚拙な分析をしてしまっているものも見受けられます。しかし、時間をかけてしっかりと競合分析をすることで、労働者に情報収集力・分析力がつき、また、新たな気づきや視点が得られるなど、大きな効果を得ることができます。

　この分析の過程における基礎データとして、企業の労務構成、平均年齢、賃金原資の確認及びこれらの将来に向けたシミュレーションや試算を実施しておく必要があります。過去の離職率の実績に加え、社員アンケートなどによって、親の介護や自身の病気への不安など調査を行い、有能な人材の介護離職を防ぐ対策を講じたとしても、それでも避けることができないであろう今後の離職率を想定しておくことが重要です。多くの企業において、経営課題の一つに、「多様な働き方ができる環境づくり」が入ることになるでしょう。

　フェーズ１の最後では、経営課題を中長期的にどう解決していくのか、経営数値目標に合わせて、中長期経営計画として示します。

【コラム①】現状の業務プロセスの洗出し

　フェーズ１の現状の業務の流れと内容の洗出しとは、全業務が洗い出せることを前提として、部門ごと、職種ごとに、労働者を選抜し、職務調査票を活用して、業務（課業及び職務行動）を書き上げていくことです。

　この際、後に作成する「プロセス展開表」（後述、図表１−６）に記入しやすくするために、職務調査票には課業の具体的な作業を、手順に従って、しっかりと記入します。また、今後の改善につなげるために、課業及び職務行動（単位作業）ごとの問題点、予測されるリスクについても申告をしてもらいます。

仕事基準である職務等級制度における職務予備調査は、後述するプロセス展開表を作成するための一手段（事前準備）であり、職能資格制度における職務調査とはまったく異なることに注意してください。職能資格制度における職務調査は、課業だけを列挙し、各課業に必要な能力レベルを明らかにするだけのものです。しかし、職務予備調査は、構築過程で実施する職務分析だけでなく、業務分析をすることで業務改善や業務配分の適正化などに活かす一つの手法といえます。

（西村　聡）

STEP2　あるべき姿の業務プロセスの構築、新組織体制の検討など

　経営環境分析によって抽出された経営課題や業務課題の一つひとつについて、全部門で横断的に解決方法を討議し、互いに合意をしながら業務の流れと内容を決めていき、あるべき姿の業務プロセスと課業を「現状のプロセス展開表」に書き足すことになります。

　これは、非常に骨の折れる作業となります。ゆえに、ここでは「すべては顧客満足のため」ということを念頭に置いて、顧客満足度の高い競合他社や他業界における事例を研究しながら、前向きに取り組めるような“場”づくりができるかどうかが成功のポイントとなります。

　この段階では、業務プロセスと課業を部門横断的に確認しながら業務プロセスを変えていくことから、以前より部門間の意思疎通が図られるようになり、部門を越えた顧客満足追求のための体制ができていきます。

　同時に、全部門から参画する労働者が業務プロセスの変更を改善思考で決めていくことができ、決まったことから順次実行できるため、新たな人事制度の構築・導入を待つことなく、少しずつ成果が出始めます。

さらに、新たに決めたプロセス展開表に記された課業及び職務行動（単位作業）の単位（サイクル、回、件、枚など）ごとの時間測定を行い、標準時間の設定を行います。

◆STEP3◆　人事諸制度の構築

フェーズ3では、これまでに検討したプロセス展開表に書かれた業務内容を役割（職務）として編成し、各役割の内容を職務記述書（図表1-4）に書き上げ、人事制度の根幹となる等級制度に落とし込みます。

プロセス展開表には、各業務の難易度（等級レベル）、指標、必要な知識・能力が書き込まれていることから、簡単に職務記述書を作成することができ、一気に目標体系表及び人事考課表まで落とし込むことができます。さらに、能力開発制度など、他の人事諸制度の設計に進めます（図表1-4、図表5-1、図表5-2参照）。

なお、STEP2で設定された「単位ごとの標準時間」を参考に、職務設計をしなおした上で職務記述書が作成されることから、単位時間当たりの業務量も確定できます。

つまり、製造業であれば、製品1個当たり、製造ロットあるいは1バッチ当たり、また事務作業であれば伝票1枚当たり、作成資料1件当たりの予定時間を確定することができるのです。

ただし、一律に時間で成果を評価することが適当でない企画・創造的業務などについては、ある程度「何をするか」についてプロセスを決めることができたとしても、実績としての成果でしか評価することができません。ここに注意が必要です。

図表1-4 職務記述書

職務記述書（●●●事業部　営業職・中級）

課　業	役割行動内容	参照コード（能　力）
訪問前準備	有力訪問先（××事務所、×××××、☆☆）をリストUP	A-1判断力
	目標達成の為の短納期有力訪問先のリストUP	A-2判断力
訪問アポ無（新規）	設計事務所等、訪問（資料提出）、担当者の名前（名刺）を入手する	B-1交渉力
	商品説明（○○装置の特徴、採用事例、利便性などPR）、質疑応答	B-3判断力／装置知識
	××事務所等訪問後に情報把握及び記録を整理する（リスト記入及び訪問ランク付け、新規開拓管理ツール）	B-6判断力
	要望があった場合の追加資料を作成する	B-7企画力／判断力
	質疑応答・資料提出後、再訪問（TEL）して確認する	B-8判断力／装置知識
訪問アポ有（新規）	××事務所等からの問合せ、質疑応答の際にアポ取り	C-1判断力／装置知識
新規地域顧客開拓	新規地域の有力訪問先（××事務所、××、☆☆）をリストUP	E-1判断力
	訪問し商品説明する（○○装置の特徴、採用事例、利便性などPR）、質疑応答	E-7交渉力
	地域ごとに調査する（需要についてや土地柄の対策など）	E-8判断力
	現地採用メーカー、現地メンテ会社を訪問して状況を調査する	E-9折衝力
概算見積等対応	概算見積の依頼内容を確認する（情報が不十分な場合は要確認）	F-1判断力
	概算見積書作成	F-4判断力／装置知識
	作成した見積書を営業間で確認する	F-5判断力／装置知識
	条件が規格外の場合、見積の内容変更をする（支払い条件、仕様・施工範囲など）	F-8判断力
	提出先及び担当××事務所へのフォロー（可能性の高い物件は特に）	F-9判断力／装置知識
有力物件の質疑対応	××事務所等からの問合せ（TEL）、質疑応答	G-1判断力／装置知識
	問合せ内容によっては、訪問して質疑応答	G-2判断力／装置知識
	消火設備（ガス系）の質疑応答、不明点は専門業者から連絡してもらう	G-4判断力／消火知識
	○○施工区分外の質疑応答、不明点は専門メーカーへ連絡してもらう	G-5判断力／区分外知識
	○○施工区分外（消火設備など）の不明事項を確認・認識する。次回からの営業活動に活用	G-7判断力

課業	役割行動内容	参照コード（能力）
確認申請図	確認申請図作図の依頼の際、おさまりや仕様などについての TEL 打合せ	H-2判断力／装置知識
	確認申請図作図の依頼の際、おさまりや仕様などについて訪問して確認する（最終擦合せ確認）　※確認申請図作図前チェックリスト使用	H-3判断力／装置知識
	確認申請図作図	H-6判断力／装置知識
	消火設備図作図依頼の際は N 社へ連絡して対応してもらう、必要な場合は同行訪問	H-8判断力／装置知識
	確認申請図提出の際に確認事項、補足等を伝える	H-10判断力／装置知識
VE 案	☆☆、××事務所からの企画・概算見積段階で他社××式計画からの VE 案を検討できるか判断する	I-1企画力／装置知識
	検討図（VE 案）提出後に訪問する。商品説明（○○装置の特徴、採用事例、利便性など PR）、質疑応答	I-4企画力／装置知識
	VE 案が採用されなかった場合には、どのような案が最良の選択だったかを検証し、次回からの営業活動に活用する	I-5企画力
計画地視察	装置設置工事や搬入などの際に支障がありそうな現場については写真を撮る。その後、管理部・工務部で確認してもらう	J-2判断力／装置知識
本見積	管理部に積算表を作成してもらい、粗利額を把握し、NET 金額を決定する	K-3判断力
	本見積を作成する（図面の仕様・施工区分など要確認、概算見積時と内容が変わっていなければ、日付のみ変更）	K-4判断力
	本見積を提出（担当者と図面の仕様・施工区分など確認）※現場の住所・所長名・スケジュールなどを確認する	K-5判断力／交渉力
現場事務所初回訪問	挨拶と併せて確認事項を確認する（工期・工程・工事概要・××図など）	L-2交渉力／装置知識
受注伺い	営業1課で承認する（→営業部長へ提出）	M-3判断力
	伺い書の提出後の仕様変更などの際は変更届を作成、提出する	M-5判断力／企画力
価格交渉（購買、調達、現場）	☆☆専用見積が必要な場合は管理部に作成してもらう（積算表から粗利額を把握し、最終金額回答に備える）	N-2判断力
	☆☆担当者訪問、見積提出、最終 NET 回答する	N-3判断力
	価格決定する（粗利××％以上でなるべく高い金額で決定する）	N-4決定力
注文書	注文書受領の際に内容確認する　※営業所に届いた場合は管理部に郵送	O-1判断力
	追加工事の際は、管理部・工務部・設計部と検討し、追加見積を提出する。☆☆了後、注文書受領（内容を確認する）	O-6判断力／交渉力
チェック図	☆☆にチェック図を確認してもらい、変更・修正箇所を訂正し（営業中級職及び設計部）再度提出する	Q-4判断力／装置知識
現場打合せ	工務部担当者同行で現場打合せ、質疑応答　※消火設備ありの際は消火設備担当者同行で現場打合せ	Q-2判断力／装置知識
	書類・資料等、作成し提出（浮床資料・収容××種一覧表・呼出し時間・消火設備工事区分など）	Q-4判断力／装置知識
	設備・電気業者や施主を交えての現場打合せ、質疑応答	Q-5判断力／装置知識

課　業	役割行動内容	参照コード（能　力）
レクチャー会（販売員説明会）	レクチャー会（販売員説明会）参加、説明、販売員からの質疑応答	S-4判断力／装置知識
	レクチャー会（販売員説明会）終了後に適切な説明だったかを検証して、次回からの営業活動に活用する	S-5判断力
承認図	承認図作成用のデータを確認して、××部へ作図依頼する	U-2判断力／装置知識
災防協への参加	現場の安全パトロール・災害安全協議会に参加する	V-2判断力
装置据付工事	現場担当者に現場の状況を確認して工事時期の予定を確認、工事予定の約1か月前に工務部担当者同行（工務部担当者のみ）で現場打合せ、質疑応答	W-1判断力／装置知識
施主、消防検査及び取扱い説明会	施主検査参加（次の計画案件につながる対応）。施主からの質疑など、改善要求あれば他部署とともに検討及び対応する	Y-4判断力／装置知識
竣工後	☆☆現場所長、積算担当、購買（調達）担当者の挨拶※必要と判断した場合のみ。今後もスムーズに対応してもらうために	AD-1交渉力
	時期をみて担当××事務所に訪問する（次の計画案件につながる対応）	AD-2交渉力
顧客満足度調査	アンケート内容を検討する（例：××事務所・××××××など向け）	AG-1企画力
	アンケートを作成する（例：××事務所・×××××××など向け）	AG-2企画力
	アンケート実施（訪問）する（例：××事務所・×××××××など向け）	AG-3交渉力／装置知識
	アンケート実施終了後に結果を集計し状況を分析・把握する　※来季の経営方針に活用する	AG-5判断力／応用力
各役所等への質疑、閲覧(HP)	××工業会、各役所等への確認が必要な案件に対して、訪問して質疑を確認（回答を得る）する	AH-1交渉力／装置知識
	××工業会、各役所等へ確認後返答、質疑応対	AH-2判断力／装置知識
	質疑及び回答が重要だと判断した案件は文面化して関係者と情報を共有する	AH-3判断力
	有力地区重点で××データバンク（ネット）の情報・状況を把握する	AH-5判断力
装置見学及び撮影	今後の営業に役立つこと（特殊仕様など）を確認し撮影する（他の課員に回覧）	AL-3判断力／装置知識
	見学で学んだこと（特殊仕様やおさまりなど）を次回からの営業活動に活用する	AL-4判断力
Ｄ　Ｍ	DM内容を検討して決定する	AP-1企画力
	送り先リストを作成する（今年の訪問時の感触や××事務所リストのランクを参考に）	AP-2判断力
	DM完成、営業1課で承認する（→営業部長へ提出）	AP-5判断力
	DM発送後に送り先へ訪問（TEL）し内容の確認、説明をする	AP-6折衝力／装置知識
	DMの反応や効果を把握して次回のDMに活用する	AP-9判断力

課　業	役割行動内容	参照コード（能　力）
追加カタログ（PR資料）	追加カタログ（PR資料）内容を検討して決定する	AQ-1企画力
	追加カタログ（PR資料）完成、営業1課で承認する（→営業部長へ提出）	AQ-3判断力
	追加カタログ（PR資料）を届ける訪問先リストを作成する（今年の訪問時の感触や××事務所リストのランクを参考に）	AQ-4判断力
	追加カタログ（PR資料）の反応や効果を把握して、次回の資料作成に活用する	AQ-7判断力
●●更新	●●の更新内容を検討して決定する	AT-1企画力
	●●の更新内容を営業1課で承認する（→営業部長へ提出）	AT-3判断力
	●●更新内容をテストVerで確認してネットにUPする	AT-4判断力／HP知識
新規顧客開拓	新規有力顧客（××事務所、××、☆☆）をリストUPしてリスト作成	AY1-1判断力
	訪問して（資料提出）、担当者の名前（名刺）を入手する	AY1-2交渉力
	商品説明（○○装置の特徴、採用事例、利便性などPR）、質疑応答	AY1-3折衝力／装置知識
	訪問（TEL）の際に調査する（需要やどんな○○装置を使っているか？など顧客に応じて）	AY1-5交渉力
	有力地区重点で××データバンク（ネット）の情報・状況から新規顧客を抽出する	AY1-6判断力
実績×××××再PR	実績のある××××××（××事務所、☆☆）をリストUPしてリスト作成　※現状の××××××や××事務所の動向、販売量や勢いなどを踏まえて検討する	AY2-1判断力
	訪問して（資料提出）、担当者の名前（名刺）を入手する	AY2-2交渉力
	商品説明（○○装置の特徴、採用事例、利便性などPR）、質疑応答	AY2-3折衝力／装置知識
	実績のある××事務所への訪問（調査）　※現状の×××××××や××事務所の動向、販売量や勢いなどを調査する	AY2-4交渉力
	××××××ごとに現状を把握して、積極的（消極的）に販促を行うか判断する　※リスト化	AY2-6判断力
新機種・新市場開拓	必要とされている機種（商品）のアンケートを実施する※訪問して聞き取り（潜在意識を刈り取る）	AZ-2折衝力
	アンケート結果から新機種（商品）の具体的な構想を検討する	AZ-3開発力
	新機種（商品）の費用対効果を踏まえて検討する	AZ-4判断力
	さらに過去の質疑内容（対応できなかったもの、時間がなく検討できなかったものなど）を新機種に活用して検討する	AZ-5判断力
保守契約顧客獲得	××××××訪問の際に保守点検の必要性、有利性をPRする（参考：メーカーメンテ契約のすすめパンフレット）	AAA-2交渉力／メンテ知識

STEP 4　プロジェクト活動、考課者訓練などによる制度の定着

　プロセス展開表は、経営計画を達成するためにあるべき姿のプロセスを表したものであり、これを安定して実行していくための仕組みが必要となります。

　例えば、プロジェクトあるいは小集団活動をすることで、モデル（ケース）づくりを行うなど、プロセスに関する理解を深めることによって、各プロセスを確実に実行することができるようになります。できれば部門横断でのプロジェクトチームでの活動とし、部分最適ではなく、評価を気にせず大所高所からの改善活動に邁進することをお勧めします。

＊　　　　＊　　　　＊

　以上のように、人事制度構築のプロセスに労働者を参画させることから、参画した労働者はそれぞれの役割内容を理解し、自覚を持つことができるようになります。彼らが各職場に戻れば、良き指導者となります。

　その後は、経営者が労働者に対して、組織として能力を発揮する場をどれだけ多く設けられるか、支援できるかが重要となります。

3 職務等級制度設計の詳細①
職務分析
～プロセス展開表の作成と新たな職務の設計～

1 職務分析から新たな職務設計までの流れ

　ここからは、プロセス展開表（図表1－6）を利用した職務分析の手法と新たな職務の設計について説明します。全体の流れは、図表1－5に示す通りです。

図表1－5　職務記述書作成までの全体の流れ

〈現状の職務〉
STEP1

職務予備調査・職務分析

・現在の業務と課業
・演繹法及び帰納法で課業を洗い出す

〈現在のプロセス展開表〉

	A	B	C
1			
2			
3			

〈部門課題 From to Chart〉

	部門a	部門b	部門c
部門a			
部門b			
部門c			

STEP2

現状での業務課題

・上手くできていない課業
・不足している課業

〈新たな職務の設計〉
STEP5　　STEP6

職務記述書
人事考課表

職務設計

〈あるべき姿のプロセス展開表〉

課業及び職務行動　　　B　C A D E
1　P
2　　　D　　　C 業務（機能）A
3

業務プロセス改革

業務・課業の統廃合
職務行動への落とし込み

〈あるべき姿の職務〉
　　　　　　　　STEP3

経営理念
経営目標（中期）

〈SWOT分析〉

〈強み〉	〈機会〉
〈弱み〉	〈脅威〉

（主要）経営課題
経営戦略

〈中期経営計画〉　STEP4

	1年目	2年目	3年目
主要経営課題1			
主要経営課題2	—アクションプラン—		

新たに検討すべき課業と行動

図表1−6　プロセス展開表の例（資材課倉庫G）

		部署	資材課　倉庫グループ		作成者		
業務(単位業務)	A	B	C	D	E	F	G	H
単位業務名	部材の入庫	受入検査	部材の出庫	欠品連絡	棚卸	不流通処理	廃却処理	部材置場管理(改)
課業レベル	中級	初級	中級	中級	中級	上級	中級	上級
成果指標	入庫ミス件数	検査漏れ件数	出庫ミス・出庫遅れ件数	連絡漏れ件数	棚卸ミス件数	処理ミス・処理漏れ件数	処理ミス・処理漏れ件数	出庫時間・保管状態・仕損件数
業務リスク	入庫ミス	検査漏れ	出庫ミス・出庫遅れ	連絡漏れ	棚卸ミス	処理ミス・処理漏れ	処理ミス・処理漏れ	出庫に時間がか・保管状態による
1	本日入庫の部材リストを打ち出し、その内容を確認する(特に、緊急納品の場合、その納品指定時間)	品質保証部へ重要保安部材の受入検査を依頼する	出庫指示ミーティングで部材出庫指示を確認する	欠品部品の品名・数量・生産予定日などを確認する	実地棚卸計画書と倉庫配置図・担当部材を確認する	半期ごとの期末に不流通品を確認する(システム上半年以上出庫のない部材)	半期前の死蔵品データから部材使用製品を確認する	部材保管状態、現場レイアウトどの問題点を発する
機能内容(P・D・C・A)	P		P	P	P	P	P	P
インプット	(当日)部材入庫リスト納期回答書	重要保安部材	日程表・生産進捗表	ピッキングリスト	実地棚卸計画書	不流通品在庫データ	半期前死蔵データ	保管状態・レイアウト
アウトプット		受入検査依頼書	部材出庫指示書	欠品部材情報	確認済み実地棚卸計画書	確認済み不流通在庫	確認済み半期前死蔵品	問題点
関連プロセス		品質保証部	生産管理・製造部					
KPI(先行指標)	納期確認漏れ件数	検査依頼漏れ件数	確認漏れ件数	確認漏れ件数	確認漏れ件数	確認漏れ件数	確認漏れ件数	問題発見件数
遂行上のリスク	緊急手配入庫部材の漏れ	検査依頼漏れ	確認漏れ	確認漏れ	確認漏れ	確認漏れ	確認漏れ	問題点に気づかない
能力・知識	判断力	理解力	理解力	判断力	理解力	判断力	理解力	企画力
レベル	中級	初級	初級	中級	初級	中級	初級	中級
2	ベンダーから納品された部材の現品と納品伝票を照合し検収する	品質保証部より検査結果を受け取る	部材出庫指示を資材倉庫用ピッキングリストに展開する	資材課購買Gへ欠品部材の情報を連絡する(購買Gがベンダーへの納期確認督促をする)	流通品、死蔵品、棚卸除外品(預り品)の区分けをする	不流通の原因調査をする	使用可否の調査をし、廃却リストを作成する	グループミーティングで保管状態及び置場レイアウトの改善案を作成する
機能内容(P・D・C・A)								
インプット	納品伝票・部材		部材出庫指示書・製造予定表	欠品部材情報	実棚原票	確認済み不流通品在庫	確認済み半期前死蔵品	確認済み保管状態・レイアウト
アウトプット	検収済み部材	検査結果	ピッキングリスト	欠品連絡	区分け	原因調査結果	廃却リスト	改善案
関連プロセス				資材課購買G		営業・技術・経理		
KPI(先行指標)	検収済み間違い・検収漏れ件数	受取漏れ件数	展開ミス件数	連絡漏れ件数	区分け間違い件数	調査漏れ件数	調査漏れ件数	改善提案数
遂行上のリスク	検収間違い・検収漏れ	受取漏れ	展開ミス	連絡漏れ	区分け間違い	調査漏れ	調査漏れ	よい改善案が出ない
能力・知識	理解力	理解力	判断力	交渉力	理解力	判断・決断力	判断力	企画力
レベル	初級	初級	中級	中級	初級	上級	中級	中級
3	納品伝票を受領し、受領印を押して、「物品受領書」をベンダーに渡す	分類別部材置場へ部材を移動する	ピッキングリストに基づき部材を出庫する(先入れ先出し)※欠品が見つかった場合はD-1へ	資材課購買Gからベンダーへの納期回答連絡書を受け取る	物流停止状態のため緊急輸入商品の物流許可申請をする・生産必要部材・海外輸入部材	原因調査結果に基づき振替処理をする	使用不可死蔵品の廃却申請をする	部門長に改善案を提出し、承認を得る

機能内容(P・D・C・A)							C
インプット	納品伝票	入庫部材	ピッキングリスト		緊急入荷品	原因調査結果	廃却品リスト	改善案
アウトプット	物品受領書	置場移動済み部材	出庫済みピックリスト	納期回答依頼書	物流許可申請書	振替伝票	廃却品申請書	承認済み改善案
関連プロセス				資材課購買G		経理	経理	
PI(先行指標)	検収日付間違い件数	置場間違い件数	出庫ミス件数・出庫時間	受取り漏れ件数	検収漏れ・申請漏れ件数	処理漏れ件数	申請漏れ件数	承認件数
遂行上のリスク	受領印検収日付間違い	置場間違い	品目,数量間違い/遅れ	受取り漏れ	検収漏れ・申請漏れ	振替処理漏れ	申請漏れ	承認が得られない
能力・知識	理解力	理解力	理解力	判断力	判断力	判断・決断力	理解力	交渉力
レベル	初級	初級	初級	中級	中級	上級	初級	中級

4	納品伝票処理をする（システムに入庫データを入力し、在庫計上する）	システム出庫データを入力し、システム上の在庫移動処理をする		実地棚卸をする（在庫品員数確認）	振替不可品の死蔵品申請をする	申請承認を受け、システムに廃却処理入力をする	改善を実施し、各ベンダーへ改善への協力依頼をする

機能内容(P・D・C・A)	C	C					C	A
インプット	納品伝票	出庫済みピックリスト		実棚原票	原因調査結果	承認済み廃却品申請書	承認済み改善案
アウトプット	入力済み入庫データ	入力済み出庫データ		棚卸結果	死蔵品申請書	廃却品処理入力	協力依頼書
関連プロセス					経理		
PI(先行指標)	入力ミス・処理漏れ件数	入力ミス・処理漏れ件数		棚卸漏れ件数	申請漏れ件数	入力ミス・処理漏れ件数	協力依頼書発行件数
遂行上のリスク	入力ミス・処理漏れ	入力ミス・処理漏れ		記入漏れ・計上漏れ	申請漏れ	入力ミス・処理漏れ	協力が得られない
能力・知識	理解力	理解力		理解力	理解力	理解力	交渉・折衝力
レベル	初級	初級		初級	初級	初級	中級／上級

5	分類別部材置場へ部材を移動する ※重要保安部材の場合はB-1へ	不流通在庫を出庫する（品質保証部へ再評価を依頼する）		棚卸結果を集計し実棚原票に記入する	申請承認を受け、システムに死蔵品処理入力をする	廃品業者へ廃却処理を依頼する

機能内容(P・D・C・A)		A		C	C	
インプット	入庫部材	不流通在庫		棚卸集計結果	死蔵品申請承認	承認済み廃却品申請書
アウトプット	置場移動済み部材	長期保管再評価依頼書		実棚原票	死蔵品処理入力	廃却処理依頼書
関連プロセス		品質保証部				
PI(先行指標)	置場間違い件数	依頼漏れ件数		記入ミス件数	入力ミス・処理漏れ件数	依頼漏れ件数
遂行上のリスク	置場間違い	依頼漏れ		記入ミス	入力ミス・処理漏れ	依頼漏れ
能力・知識	理解力	理解力／規律性		理解力	理解力	理解力
レベル	初級	初級		初級	初級	初級

6	緊急手配部材の指定納品がなければ購買課及び生産管理課に報告			棚卸差異処理申請書を作成し、経理へ回す	死蔵品置場へ移動する

機能内容(P・D・C・A)	A			A	
インプット	(当日)部材入庫リスト			棚卸差異	死蔵品
アウトプット				棚卸差異処理申請書	置場移動済み死蔵品
関連プロセス	資材課購買G／生産管理課			経理	
PI(先行指標)	報告遅れ件数、報告漏れ件数			申請漏れ件数	置場間違い件数
遂行上のリスク				差異申請漏れ	置場間違い
能力・知識	理解力			理解力	理解力
レベル	初級			初級	初級

プロセス展開表を利用した職務分析から新たな職務を設計する流れを大きく分けると、

---

① 　現状の業務と課題の洗出し（図表1－5左側）
② 　中長期的に「ありたい姿」に向かって新たに取り組まなければならない革新的業務の設定（図表1－5右側）
③ 　これら（上記①②）を統合して、新たな職務として再編（図表1－5中央）

の3つがあります。

　多くの組織で目標が達成できていない（目標と現状とのギャップが存在する）理由は、これまでの業務の流れとその業務内容に原因があります。したがって、これらの問題点を見つけ出し、改善することが求められるのですが、単に改善するだけでは、さらに厳しくなる経営環境には対応できません。このため、中長期的視点（目標）から、いかに現状業務及びその内容を変えるか、あるいはどのような新たな行動（業務）を付け加えるかが重要になります。

　まず、プロセス展開表（図表1－6）を活用して、業務を整理します。このプロセス展開表を活用すると、職務分析により現在の業務の流れ（フロー）と作業内容が洗い出され、その内容を再確認することができます。また、問題が発生している業務については、その原因を見つけ出し、業務課題を設定することができることから、職務等級制度構築のための最も重要なツールとなっています。

２ プロセス展開表の理解

　プロセス展開表は、仕事に関する情報を広く調査・分析し、職務内容（職務行動）を明確化するために活用する表です。横向きに「業務」を、その業務ごとに縦向きに「職務行動（作業の流れ）」を書き出したものです。

プロセス展開表の「プロセス」は、「業務」と同じ意味です。業務とは、まずは大きな括りとして生産、営業、購買、財務といったものを示します。これらは経営の基本機能といわれる業務ですが、基本機能にはこのほかに総合管理機能、人事機能、技術機能などがあり、それぞれに付随する業務があります。これらの「業務」は、多くの場合、いくつかの要素からできており、それぞれが関連し合い、その業務の目的を果たす「働き」をしており、この働きを「機能」といいます。

　組織によって、何の業務に、どのような機能を持たせるかは異なります。例えば、図表１－７のように、販売機能（第１階層業務）には、販売計画、販売活動、受注対応、在庫照会、返品、クレーム対応、売上請求処理、回収処理などの機能があり（第２階層業務）、さらに販売活動機能には電話営業、価格調整、訪問販売、接待、商品説明会、営業報告、与信設定、取引停止手続などの機能があり（第３階層業務）、さらにこれらの機能を作業レベル（職務行動）にまで落とし込みます（第４階層業務）。

　なお、これらの機能は、同じ階層における機能及び各機能の中でマネジメント・サイクル（Plan － Do － Check － Action、以下

図表１－７　各階層における業務及び機能

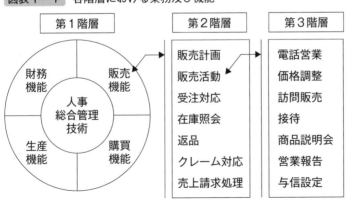

PDCAという）が回るように構成しなければならないことに注意を要します。

　プロセス展開表は、横向き（A、B、C…）に書いていく業務（機能）と、縦向き（職務行動1、2、3…）に書いていく職務行動（作業の流れ）でできています。

　まず、横向きに書き出される業務（機能）は、できる限り、第3階層以下の業務の大きさで書いていきます。こうすることで、縦向きに書き出す職務行動を具体的に表現することが可能になります。

　なお、業務には、定期業務（日、週、月、四半期、半期、年ごとなど）と不定期業務があります。頻度の高い日々の業務から書き始めると、認識がしやすくなります。

　縦は、業務ごとの作業（職務行動）を手順に沿って書き出します。このため、作業（例えば、A－1、2、3、4…）だけを抜き出せば「業務手順書」になりますし、さらに業務階層を落とし込み、作業ではなく動作レベル（A－1－1、A－1－2、A－1－3…）にすることで、この部分だけを抜き出せば「標準作業書」の基礎ともなります。

　なお、プロセス展開表を作成する際に調査・分析する各項目の定義は、以下の通りです。

①**機能内容（P・D・C・A）**…業務及び作業が、管理機能（PDCA）の中でどのような働きをしているか

②**成果指標**…当該業務において何を達成すれば、目標を達成したといえるのかを示した指標

③**先行指標**…何（手段＝職務行動）を達成すれば、目標を達成したといえるのかを示した指標。

　なお、上記②③における指標は、業務によって顧客価値を向上させることにつながる時間（納期）、コスト、品質、継続性となります。

④**インプット**…職務行動によって期待される結果(＝アウトプット)を得るために投入される資源

⑤**アウトプット**…職務行動によって期待される結果及び次のプロセス（職務行動）のためのインプットとなる資源

⑥**関連プロセス**…当該職務行動のインプット、アウトプットとなる他部門の業務または職務行動

⑦**業務リスク**…業務全体、職務行動を起こすにあたって留意すべき危険、損害

⑧**知識・能力**…結果を得るために起こす職務行動に必要なスキル要素名（人事考課要素名）

⑨**レベル**…洗い出された職務行動を、職務予備調査によって定義された職務等級評価基準によって評価し、分類した等級。なお、ここでは分類法による職務評価を想定

③ プロセス展開表の作成方法

　ここからは、図表1－5に基づき、職務記述書の基礎となるプロセス展開表の作成方法について、具体的に解説していきます。18頁で触れた通り、大きく3つの流れで説明します。

（1）現状業務の洗出しと業務改善作業

　まずは、図表1－5左側の作業手順について述べます。

STEP 1　「現在のプロセス展開表」の作成

　現在のプロセス展開表の作成は、まず組織図を見て、部門と役割（機能）を確認することから始めます。組織図には、その組織の歴史的な背景が表れています。現状の各部門が行っている機能が、顧客価値向上の観点において正しいかどうかは、ここでは判断しません。まずは現実をしっかりと洗い出し、現状を把握します。

　その上で、部門別に職務予備調査・職位分担調査を行います。ひとまず大雑把でも構わないので、業務を洗い出し、把握して、プロ

セス展開表の用紙に記入します。なお、業務リスクや、現時点において問題が生じている業務があれば、解決策を検討しておきます。後に、ここで検討された解決策を業務改善の参考にします。

　各部門ごとに、部門内の全業務を網羅できる管理職など数名でプロジェクトを組みます。このメンバーで、液晶プロジェクターなどを活用して映し出した現在のプロセス展開表を中心に、日々の定型業務から洗い出していきます。

　なお、複数の支店及び工場がある場合のように、それぞれの拠点ごとに同じ業務を行う部門があれば、部門の壁を越えて一堂に集まり検討します。というのも、同じ業務を担う部門であっても、拠点ごとに業務フローと業務内容が違っていたり、さらには役割分担がまったく異なっていることが多くあるからです。一堂に会することで、それぞれのプロセスの良し悪しに気づきながら、良いほうに合わせていくなど、業務の標準化を検討することができるという大きなメリットがあります。

◆STEP2　現在のプロセス展開表からの業務改善の検討

　それぞれの拠点共通のプロセス展開表ができあがった段階で、全部門のプロセス展開表を全プロジェクトメンバーで議論します。この際、 ◆STEP1 で実施した業務リスクや問題点についての解決策の検討が役に立ちます。

　また、別途、他部門に対して要望を出し合う "From to Chart" を活用し、全社的視点（全体最適）で解決策と解決行動を検討し、各部門のプロセス展開表に他部門の要望に応える業務及び解決行動（作業）を新たに付け加えます。

　さらに、現状で行っている業務及び作業を、他の部門で行うほうが適切であると判断された場合には、他の部門へ移管（プロセス展開表の書換え）をするなど、業務改善をしていきます。

　最後に、現時点で発生している顧客（社内後工程を含む）の苦情を含め、現時点で判明している不具合が、プロセス展開表で解決で

きているかをプロジェクトメンバー全員で最終確認をします。

（2）「ありたい姿」から導き出される革新的業務及び作業の設定

次に、図表1－5右側の作業について述べます。

STEP 3 中長期目標（ありたい姿）を実現するための経営戦略等の策定

まずは、経営者の中長期目標（ありたい姿）を確認します。革新は、「ありたい姿」をしっかりと認識することから始まります。

これができれば、次に経営課題を抽出するための現状把握（経営環境分析）を実施します。この経営環境分析は、経営幹部だけでなく、各部門管理職を参画させ、二段構えで実施します。経営幹部だけでこれを行うと、現場第一線で感じている細かい情報を収集・分析できず、抽象的な課題設定になってしまうためです。

各部門管理職を経営環境分析や今後の経営戦略の策定に参画させることの効果は、上記の問題を解決するだけではありません。経営幹部に対する信頼感の向上や、モチベーション向上につながる効果があります。また、これまで見ているようで見ていなかった曖昧な外部環境情報を自ら主体的に調査することで、顧客・市場の実態を知り、健全なる危機感も醸成されます。

その上で、顧客・市場が今後どのように変化し、その結果、現在の顧客及び潜在顧客がどう変化していくかなどを予測します。そして、競合との差別化において、強化すべき製品・サービスの充実や、最新設備の導入の必要性など、数多くの経営課題が抽出され、この過程で自分たちに求められる能力や課題も同時に見えてきます。

全社・部門別の中長期経営計画及び単年度計画への落とし込み

　経営環境分析によって抽出された中長期で解決しなければならない課題は、戦略的視点から（全社・部門別）中長期経営計画に落とし込んでいきます。これをさらに（全社・部門別）単年度計画に落とし込みます。この計画によって、各部門別に新たに付け加えられる業務（課業）及び職務行動が明らかになります。

　ここで注意すべきことは、「これまで行っていないことだから、具体的な業務はやりながら考える」と抽象論で終わらせてはならないという点です。事後的に評価できる（決められた行動をしたかどうか、結果は出たかどうかをモニタリングできる）までに業務（課業）、職務行動を具体的に設定することが重要です。

　残念ながら、どれだけ経営環境分析を行い、今後を予測したところで、こうすれば絶対に結果が出る、というものではありません。しかし、具体的な業務（課業）・職務行動を決めなければ行動を起こすことはできませんし、結果が出なかった場合の業務の修正もできません。

　すべては限定合理性において、勇気と覚悟を持って未来に対する業務を決めることから始まります。

（3）新たな業務の設計

　最後に、図表1－5中央の作業について述べます。

STEP 5　「あるべき姿のプロセス展開表」の作成、業務の再編成

　（1）の通り、現状業務を洗い出し、現時点で発生している問題を解決できるよう改善したプロセス展開表に、（2）の通りに、ありたい姿（中長期計画）及びあるべき姿（単年度計画）から新たに付け加えなければならない革新的業務及び職務行動を落とし込み、

「あるべき姿のプロセス展開表」を作成します。同時に、顧客価値向上の視点から、業務の再編成（実務的には部門別の「あるべき姿のプロセス展開表」の変更）を行います。

　既に全プロジェクトメンバーで改善、作成したプロセス展開表を、さらに追加修正することになりますので、関連部門のプロセス（展開表）にも十分注意をして、全部門のプロセス（展開表）を再確認しなければなりません。

◀STEP6▶　変更された業務プロセスの評価と確認

　業務プロセスとは、自社の資源を顧客にとって価値のあるものに変換する活動のことです。この活動（課業及び職務行動）が、品質（Quality）・費用（Cost）・時間（Time）について、より良い状態を作り出すことになります。

　したがって、業務プロセスが改善・改革されたかどうかの判断は、最終的に顧客満足を獲得できたかどうかということになります。まずは顧客満足をもたらすための視点となる、品質向上（クオリティアップ）、費用低減（コストダウン）、納期短縮（スピードアップ）のいずれかにおいて、経営計画上、期待される成果を得られたかどうかで判断することになります。

　また、業務プロセス改革によって、組織内に散在しているコア・コンピタンスを、市場・顧客の特性に合わせて組み合わせ、組織力レベルで実行可能となっているかどうかを確認することが必要です。

【コラム②】人事管理の５原則を実現するための制度

１．人事管理の５原則

　人事管理は、経営管理における一機能であり、これには次の５つの原則があります。これらの原則が守られて初めて、人事

政策の目的が果たされることになります。

（1）人間重視の原則
①経済的資源としての人間重視
　企業における人的資源計画・開発としての職能化が促進されていること
②人間的存在としての人間重視
　労働者の自発性及び主体性を尊重することを動機付けの基本とし、職務自体の変革と職務再設計が提案されること

（2）内外的整合性の原則
①外的整合性の原則
　競争優位性を確保するための人事諸制度（等級制度・賃金制度・人事考課制度・能力開発制度など）の一つひとつが、競争戦略に沿って相互に関連し、成立していること
②内的整合性の原則
　人事諸制度が企業内の様々な制度・施策と相互に関連し、成立していること
③誘導性の原則
　人事諸制度によって、企業が労働者を期待する方向・レベル（戦略的目的に連動した職責・成果及び職務遂行能力）に導くことで、持続可能な競争優位性を確保していること

（3）組織的公正の原則
　人事管理や制度が、各労働者に対して納得感と公平感を与えられるよう公正に構築され、公正に運用する条件を備えているとともに、実際に公正に運用されていること。
　このため、合目的的、合理的、かつ科学的に人事管理に関する制度（基準・規程・要綱・施策など）が確立され、あらかじめ労働者に対し公開され、かつ周知されていること。

（4）相互信頼の原則

　企業と労働者、労働者同士の相互の信頼関係を構築するために、互いの立場を尊重し、信頼し合い、認め合い、誠意を尽くして自らの役割を果たせるような制度になっていること。

（5）インセンティブ（誘引性）の原則

　上記の原則を強化し、支える制度として労働者に与えられる報酬（内的報酬と外的報酬）が、設計・運用されていること
　　①内的報酬…能力、責任、影響力、個人的成長、意味ある貢献など
　　②外的報酬…昇進、給料、特別手当、厚生制度、賞与、株式取得権など

2．組織的公正の実現

　多くの企業がこのような人事管理の5原則に沿った人事管理制度を設計しています。

　しかし同時に、制度はあるものの、設計の意図が十分に果たされているとはいえない運用が散見されます。特に組織的公正の原則に問題のある企業は少なくありません。その理由は、そもそも客観性の乏しい「能力」を基準にしているからです。能力の評価は、基準が科学的であればあるほど疑わしいものになることは間違いありません。また、たとえそれによって人の能力を正しく評価できたとしても、保有能力と職務が連動せず、賃金も年功化している状態では、公正性が乏しくなるのは当然のことです。

　なお、この公正性（組織的公正）は、労働者が組織に公正に扱われていると感じていることをいい、分配的公正と手続的公正の2つの概念があります。

　分配的公正は、「組織から与えられる待遇や賃金を、どの程度適切と感じることができるか」という結果志向の公正性をい

います。つまり、「人事評価結果が仕事の出来栄えに対応している」と労働者が認識することにより、労働者にとって重要な報酬としての価値を持つことで、労働者が分配的公正を知覚するとされています。

　次に、手続的公正は、評価や処遇を決める手続きに関して知覚された公正性をいい、労働者が、「結果を生み出す社内の規則、基準や手続きに対してどの程度信頼できると感じているか」ということをいいます。このため、人事評価手続の問題、特に評価プロセスへの参加が重要となります。

３．職務等級制度のねらい

　分配的公正を達成するためには、手続きの公正あるいは対人関係の要件（中立性、信頼、地位）における公正が重視されるため、人事考課における正確な評価という手続的、技術的な側面に注目しがちです。

　しかし、組織的公正の高さを知覚させるためには、組織運営の前提となる経営理念や戦略に基づいて職務を設計し、職務の執務基準を労働者に明示した上で、組織横断的に評価基準に落とし込むことが求められます。

　そこで、プロセス展開表による職務分析手法を活用した職務等級制度の構築、運用が、この分配的公正を確保するための手段として極めて有効となります。

　職務等級制度は、人事管理の５原則、とりわけ組織的公正の原則を実現することをねらいとした賃金制度なのです。

（西村　聡）

【コラム③】職務設計と労働生産性の関係

　職務設計の原則は、下記①〜④の通りです。職務設計においては、労働生産性の向上を実現するために、各課業だけではなく全体最適を目指して、類似、もしくは事実上同一の種類及び程度の課業及び職位を一単位として編成することにより、ムダをなくしていきます。

---

①　職務を構成する課業は、過度に多様化させず、最適化することで効率を上げる。
②　各職務で遂行される課業は、全体課業の中で、相互依存するよう設定する。
③　作業サイクルの長さの最適化によって作業のリズム（繰り返し性・定型化）を作る。
④　職務を相互依存（課業のつながりと労働者間の相互理解の創造）させるために、課業の組合せ、職務交代制、あるいは物理的な近接性を与える。等

　また、職務設計には課業の水平的統合（職務拡大）、垂直的統合（職務充実）があり、これによって労働者の職務満足度を向上させることができる点も非常に重要です。

（西村　聡）

4 職務等級制度設計の詳細② 職務評価

1 職務評価の必要性

　職務給は、人に対する賃金ではなく、仕事に対する賃金です。職種別の賃金の不公平を是正し、組織における各職務の相対的価値、つまり賃金を決定する方法として、職務評価が必要となります。

　そして、職務評価の目的には、職務給の設定、運用及び次の諸目的達成のための職務情報の収集があります。

---

　①　経営管理組織の改革と定員の設定
　②　労働者の採用から昇進、配置転換
　③　労働者の教育訓練
　④　職務設計
　⑤　作業及び作業条件の改善
　⑥　製品・サービスの品質改善及び事故防止（安全衛生）　など

　職務評価においては、職務給の設定、運用に重きを置くことが多いように思います。しかし、経営的視点からは、まずはこれ以外の目的のために有効的に活用されることが重要となります。

【コラム④】職務評価の定義

　国際労働事務局（ILO）の報告書『職務評価』（1961年）には、職務評価について、「それは、ある職務の通常の遂行が、その

労働者の個人的能力や仕事ぶりを考慮することなしに、通常の労働者に対して求める諸要件を確定し比較せんとする試み、ということができよう。もちろん、個々人の能力または努力は、その労働者の稼得賃金に算出され、また反映されることもある。例えば、能率給や人事考課の制度がそうである。しかし、このことは、職務の評定とはまったく別の事柄である。<u>職務評価は、職務を評定するものであって、人を評定するものではない。</u>」（下線は筆者）として、非常に明確な定義がされています。

（西村　聡）

【コラム⑤】職務評価の成り立ち

　職務評価は、職務内容の異なる各種の労働の間の相互関係を明らかにしようとするもので、例えば熟練度が個々の労働の職務内容において相互にどのように開いているかを明らかにするものです。

　「科学的管理法の父」と称されるフレデリック・W・テイラーは、職務分析によって作業の標準作業量と標準時間を追究しましたが、作業同士の相違を問題にしません。これに対して職務評価は、各作業のそれぞれの標準時間は問題にしませんが、各作業の熟練度の相違がどれだけあるかを問題にします。

　テイラーの科学的管理法は、一流の労働者について時間研究を実施し、それをもとにした標準時間をもって課業を設定したことから、一般の労働者には受け入れられませんでした。以降、課業の標準化を行う際は、労働者の平均的な水準を採ることになり、労働の相違をもたらす要素として、熟練、努力、一貫性（consistency）、作業条件の４つの要素で分析し、等級に段階付けられるようになりました。

　これは、課業の設定を目的にしたもので、基礎賃率を決定す

るためのものではありませんでしたが、この4つの要素で課業の相違を比較、分析する研究が職務評価に少なからず影響を与えたものとされています。

なお、職務を構成している要素で分解し、研究する様々な分析的な研究方法は、科学的管理法がベースになっていることは明らかです。

上記の通り、職務評価をするためには、職務間の明確な相違を十分に根拠付けることが必要であり、その問題としようとしている領域は異なっているものの、科学的管理法による課業の設定が、職務評価を生成する地盤を準備していたといえます。

そして、1930年代の恐慌後の産業合理化のもと、職務評価は普及しました。当時、経営者が合理化策として労働者をえこひいきしたり、仕事の配分を利用して労働者を分断し、組合の破壊を工作しようとしていました。このため労働組合は、これを押し止めるために積極的に団体交渉を通じて職務内容を再定義するとともに、各職務について賃金を決定し、各労働者間への配分ルールを確立していきました。これを、「ジョブ・コントロール・ユニオニズム」といい、特に賃金・付加給付の権利、さらには雇用保障を勤続年数とリンクさせる「先任権原則」へと結実していきました（アメリカ企業の雇用保障とは、特定の職務とそれらが属す昇進系列の職務に就く権利を意味します。そしてそのなかで特定の職務に就く労働者の順序、あるいは失う順序が先任権原則により決められます）。

アダム・スミスの『国富論』に始まる分業論は、テイラーの科学的管理法による熟練者の作業の細分化、単純化、不熟練化によって実現されました。この過程で職種は解体され、職務が管理単位として現れました。そして、第一次世界大戦中の生産増強において普及し、1950年代に確立し、人事管理上の職務分析、職務記述書、職務評価など諸技術が発達することになり、製造業だけでなくアメリカの諸産業に展開されていきました。

その結果、職務を基準とした労働市場が形成され、職務の労働市場における価格は、職務価値の重要な尺度となりました。

（西村　聡）

【コラム⑥】職務評価の問題点と対応策

　職務評価については、次の問題点が指摘されています。

①　職務評価の評価要素及びウェイトが変わることによって職務価値が変わるなど、新たな考え方が出てくると、制度の一貫性ある管理が脅かされる。

（例　職務責任ではなくスキルの比重を大きくするなど）

②　賃金決定過程に影響を与える動態的諸要素（職務内容の変化、経済的変化や労働市場の変動の影響など）があり、職務評価による価値がこれにうまく適応していない状態が発生する。

（例　特定の技能工の供給不足など）

　以上のように職務評価制度には問題点があるとしても、これをもって職務評価が無用ということにはなりません。

　これらの問題点については、職務評価制度の再検討や職務の再格付けなどで対応することにより、多くの場合は合理的な職務評価が可能であり、十分正当化することができます。

（西村　聡）

2 職務評価の方法（種類）

　職務評価の方法には、大きく分けて「序列法」、「分類法」、「点数法」、「要素比較法」の４つがあります。ここでは４つの評価方法について簡単に述べていくことにします。

（1）序列法

　各職務そのものを全体として据え、職務同士を総合的な観点から相互に比較していく方法です。複雑度・困難度・責任度を基準に１番、２番、３番、４番……と一挙に序列を付けていく方法（単純比較表）と、２職種ずつ組み合わせ、リーグ戦のように総当たり方式で比較評価し、上位と評価された回数の多い順に序列を付ける方法（一対比較法）があります。

（2）分類法

　各職務そのものを全体として据える点では、序列法と同じですが、比較の方法に差異があります。すなわち、職務対職務の相対比較ではなく、各職務をあらかじめ同程度の職務評価群として等級分類し、この等級ごとの基準を定めた「職務等級基準」と比較して、最も合致した基準の等級に当てはめる方法です。

　職務等級基準（分類表）ができれば、この分類法の評価は比較的容易です。しかし、職種が多様に分かれている場合や、等級数が多い場合には、職種間に共通する基準の表現や各等級の差異を基準として表現することが難しく、また序列法と同様、職務を全体として総合的に評価するので、個人的主観の介入や、職務でなく担当者を評価してしまうおそれが生じます。

　しかし近年では、職務等級基準を、職掌別や職種別に分けて作成したり、職務全体として総合的に評価するのではなく職務価値を構

成する要素ごとに据えて作成することにより、基準の内容や表現を具体的にして、評価エラーを防ぐ改善がなされています。

（3）点数法

　職務価値を構成する要素ごとに、それぞれ独立した価値の段階を設け、その段階に対応して作成された「要素別評価基準（表）」に基づき比較する方法です。これは、先に開発された分類法が職務全体を評価する方式で、職務の要素を分析的に研究する方法でなかったことから、職務を要素ごとに比較する分析的な評価方法として考案されました。

　具体的には、要素ごとにウェイトを持った段階別点数を定めておき、各職務の価値は、それぞれ該当する要素ごと、段階ごとの合計点数によって示されることになります。それ故に、この方法は、量的方法であると同時に分析的方法でもあります。

（4）要素比較法

　職務価値を構成する要素ごとに、賃率の定められた基準職務と非基準職務の各要素をそれぞれ比較評価し、該当する要素ごとの賃率を合計することによって、非基準職務の賃率を決定する方法です。

　基準職務の要素ごとの賃率決定にあたっては、基準職務に対して、評価要素ごとに序列法を応用して職務と職務を相互比較して序列付けし、現行の賃率を評価要素ごとの序列にマッチするよう分解・配分します。

【コラム⑦】市場価格法（market pricing）の理解

　近年アメリカでは、賃金決定に伝統的な職務分析を活用せず、市場の賃金率を用いる市場価格法が主流になっています。点数法の手続きの煩わしさ、時間やコストがかかるという短所が取りあげられ、この市場評価法や分類法が増加しているのです。

　しかし、これだけを取りあげて、「職務分析をしなくてもよい」と安易に考えるのは大きな間違いです。それだけ職務分析が過去より実施され、基準職務の内容が汎用化されていると理解すべきです。

　市場価格法は、労働市場での賃金水準を基準として、職務評価を行う手法です。これを採用することで外的公正の原則を通じて、企業内における内的公正を実現することになります。つまり、社内にある職務の世間相場賃金を調査して、世間相場賃金の高低によって職務価値を評価し、序列を決定するということになります。

　なお、アメリカでは職務評価を導入する際に、関連のある外部の賃金率についての情報を集める一手段として、地域での賃金調査が推奨されています。一方、EUでは、地域単位で産業別賃金協定を交渉する慣行が基礎にあり、賃金調査はあまり重視されていないようです。

　日本においても、2020年から派遣社員の賃金決定に関して、「賃金構造基本統計調査による職種別平均賃金（時給換算）」、「職業安定業務統計の求人賃金を基準値とした一般基本給・賞与等の額（時給換算）」、「職業安定業務統計による地域指数」が示されるなど、市場価格を認識せざるを得ない状況になってきたといえるでしょう。

（西村　聡）

【コラム⑧】職務評価と世間相場

　職務評価は、賃金設定を主な目的とする職務分類の技術的方法です。職務評価手法によって職務価値を測定するとき、同一労働同一賃金の原則に従って賃金が支払われます。そして、この賃金制度の下、適材が適所に配置されるときに、おおよその労働問題が解決できるともいえます。

　ただし、注意すべきことがあります。それは、職務評価は相対的賃金を決定してはいますが、その賃金の絶対額を決定、あるいは自動的に算出するものではないということです。職務評価は職務給設定の一助であっても、それを厳密に設定ないし決定するものではありません。

　本来、賃金は、職務評価によって設定され、基本的には外部労働市場の実際（世間相場）に求めなければなりません。しかし日本では、賃金が内部労働市場において設定されており、かつ年功賃金となっています。このことから、職務評価による賃金設定が正しく機能せず、これが職務評価の限界あるいは問題として認識されることになります。

　つまり、日本における職務評価は、世間相場を基準としつつ、結局のところ、一組織内における賃金のアンバランスを是正し、調整するための一手段にとどまっているということになります。

　しかし、少子高齢化などの社会動向への対応、経済政策としての労働生産性の向上と非正規雇用労働者の格差是正、そして労働者の賃金に対する労働対価意識への対応は、もはや必至です。これらは、職務分析、職務評価による同一労働同一賃金の構築プロセスと、その導入でしかなし得ないといえるでしょう。

（西村　聡）

第2章

日本型雇用システムと職務給

本章のねらい

本章では、様々な課題を抱える日本の雇用制度の現状を確認した上で、日本企業において職務給を導入することの意義等を解説します。

Q 1　同一労働同一賃金の国際標準

　近年、正規雇用労働者と非正規雇用労働者の賃金格差などが社会問題となっています。こうした問題の解決のためには「同一労働同一賃金」の実現が必要であるといわれていますが、これについて国際的に標準となっている考え方はどのようなものですか。

Ⓐ　「異なる職務であっても、職務評価により同一価値の職務と判断されれば同一の賃金を支払うべき」という原則のことを「同一労働同一賃金」といい、この原則が国際的に標準となっているといってもよいでしょう。現在、多くの企業で導入への関心が高まっている「職務給」は、この原則を最もシンプルに具体化した賃金制度であるといえます。

【解説】

1 ILO100号（同一価値労働同一賃金）条約

　賃金の公平性に関する国際的かつ標準的な概念に、「同一労働同一賃金」があります。同一労働同一賃金とは、異なる種類・内容の仕事であっても、職務評価により同一価値の労働とされた場合には、同一の賃金を支払わなければならないという考え方のことです。

　この考え方は、1919年のILO憲章において初めて承認され、1951年には、特に男女間の賃金格差についてILO100号条約が採択されました[1]。日本は、同条約を1967年に批准しています。現在

1　異なる職務の「価値」を職務評価によって比較しなければならないという考え方ないし取組みは、性別職務分離の実態を下に、1970年代以降に本格化したとされています。浅倉むつ子「（特集Ⅱ同一価値労働同一賃金）1. 同一価値労働同一賃金原則と法制度上の課題」『国際女性（No.30）』国際女性の地位協会、102頁

では、同条約で定められている同一価値労働同一賃金の考え方は、男女間の賃金格差に限らず、あらゆる差別に基づく賃金格差を是正するものとして、国際的な標準となっています[2]。

2 職務評価の実施を推奨

そして ILO は、労働の「価値」の判断にあたって、技能・労働条件・責任・業務量などの客観的な基準に基づいて、職務評価を実施することを推奨しています[3]。また、ILO100 号条約に付随する第 90 号勧告では、各加盟国が、使用者及び労働者の合意の上、職務評価の方法を確立またはその確立を奨励すべきであることが定められています。

こうした ILO の考え方からしても、職務給は、職務評価によって賃金が決定されるため、「同一価値労働同一賃金」の原則を最もシンプルに具体化した賃金制度であるといえます。

【 ILO100号条約（抜粋）】
第 3 条[4]
　1　行なうべき労働を基礎とする職務の客観的な評価を促進する措置がこの条約の規定の実施に役だつ場合には、その措置を執るものとする。
　2　この評価のために採用する方法は、報酬率の決定について責任を負う機関又は、報酬率が労働協約によって決定される場合には、その当事者が決定することができる。

2　遠藤公嗣「国際標準と日本のガラパゴス的『同一労働同一賃金』」『季刊個人金融（2018夏号）』一般財団法人ゆうちょ財団、33頁
3　ILO『同一賃金　同一価値労働同一報酬のためのガイドブック（東京2016）』25-26頁（https://www.ilo.org/wcmsp5/groups/public/---asia/---ro-bangkok/---ilo-tokyo/documents/publication/wcms_485126.pdf）
4　国際労働機関（ILO）HP（https://www.ilo.org/tokyo/standards/list-of-conventions/WCMS_238136/lang--ja/index.htm）

3　行なうべき労働における前記の客観的な評価から生ずる
差異に性別と関係なく対応する報酬率の差異は、同一価値
の労働についての男女労働者に対する同一報酬の原則に反
するものと認めてはならない。

【コラム⑨】 SDGs と職務給

1．最近、街中でよく見かけるようになった SDGs バッジ

　最近、街中で虹色の SDGs バッジを付けている会社員等をよ
く見かけるようになったのではないでしょうか。SDGs とは、
持続可能な開発目標（Sustainable Development Goals）の略
称であり、2015年の国連サミットで採択された「持続可能な開
発のための2030アジェンダ」の中で、2030年までに達成すべき
とされた17のゴール・169のターゲットのことです。

　2000年に SDGs の前身であるミレニアム開発目標（MDGs：
Millennium Development Goals）が採択されました。MDGs は、
2015年までの開発目標であり、先進国が途上国を支援すること
に主眼が置かれていました。この MDGs が2015年に終了すると、
2030年に向けて、さらに広範で具体的な目標として、地球上の
「誰一人取り残さない（leave no one behind）」という考え方の
もと、発展途上国のみならず、先進国の課題も含めて、網羅的
に解決することを目的とした SDGs が採択されたのです。

　MDGs は、国際機関や各国政府の主導で策定されたもので
あり、その取組主体は、国際機関や各国政府でしたが、SDGs
では、策定段階から民間の企業や団体の関係者が議論に参画し
たこともあって、国際機関や各国政府だけではなく、民間の企
業や団体も取組主体として想定されています。

　このように、SDGs は、我々市民が、それぞれの社会の課題を解

決するための目標でもあります。また、その実現にあたって、国・自治体任せとするのではなく、民間においても主体的にSDGs達成に向けて行動することが期待されており、多くの企業で、経済活動を通じて社会的課題を解決するという考え方のもと、経営戦略としてSDGsの実現へ向けた積極的な取組みがなされています。

SDGsバッジを街中でよく見かけるようになった背景には、こうした事情があるのです。

2．SDGsと職務給との関係

SDGsは、上述の通り、発展途上国の課題や環境問題だけを扱ったものではなく、我々が住む日本社会の課題を解決するにあたっての目標でもあります。本書では、賃金制度の不公平感を是正することが日本社会の喫緊の課題であり、その手段として職務給の導入を扱っていますが、これは、まさに企業活動を通じたSDGsの達成と関連があります。

まず、目標8「働きがいも経済成長も」の中では、「同一労働同一賃金」がターゲットの一つとしてはっきりと掲げられています。

そして、目標10「人や国の不平等をなくそう」では、国家間だけではなく国内における様々な不平等を是正することも掲げられています。同一労働同一賃金を実現し、性別、年齢、国籍、雇用形態等にかかわらず誰もが能力を発揮できるようにするための賃金制度として、職務給はSDGsの考え方に合致するものだと思います。

目標5「ジェンダー平等を実現しよう」との関連では、性的役割分業を脱して、企業内で誰もが性別にかかわらず能力を発揮できるようにするための賃金制度が必要です（第6章参照）。

職務給の導入については、企業内の経営効率化という観点だけではなく、社会的課題の解決という観点もあると思います。

（原田宜彦）

　今般の働き方改革においては、「同一労働同一賃金」の実現が目指されています。職務給が一般的な欧米では「同一労働同一賃金」が原則となっているようですが、働き方改革では職務給の導入が要請されているのですか。また、そもそも働き方改革において実現が目指されている「同一労働同一賃金」は、欧米における考え方と同じものですか。

Ａ　今般の働き方改革は、職務給の導入を要請するものではありません。また、同改革における「同一労働同一賃金」は、正規雇用労働者と非正規雇用労働者との間の均等待遇・均衡待遇の実現を目指すものであり、欧米における「同一労働同一賃金」とは異なります。もっとも、日本の企業においても、同改革への対応を超えて、経営戦略として賃金制度を抜本的に見直す動きが出ています。

【解説】

1 欧米とは異なる日本の賃金制度

　「同一労働同一賃金」とは、職務内容が同一または同等の労働者に対し同一の賃金を支払うべきという考え方[5]のことです。欧米ではこの考え方が広く普及しており、職務内容と賃金とが対応する職務給が一般的な賃金制度となっています。職務給の考え方は、賃金が労働の対価であることからすれば、当然の原則であるように思えます。

　しかしながら、日本では従来、大企業を中心に長期雇用や年功賃

5　水町勇一郎「一億総活躍国民会議第5回（平成28年2月23日）資料」『「同一労働同一賃金」のすべて（新版）』有斐閣、179-183頁

金を特徴とする、いわゆる日本型雇用システムが一般的でした。そこでは職務の内容や範囲が明確にされることはなく、勤続年数に応じて賃金が上昇する年功序列の賃金制度が採用されてきました。

こうした賃金制度は、労働者の生活保障的な意味合いを有するものでしたが、他方で、職務の内容及び範囲が不明確なために、業務量が際限なく増大し、長時間労働などを引き起こす一因ともなってきました。

また、バブル経済崩壊後、コスト削減の一環として、日本企業において、正規雇用労働者の人数が抑制され、非正規雇用労働者の活用が進んだ結果、正規雇用労働者（無期雇用フルタイム労働者）と非正規雇用労働者（パートタイム労働者・有期雇用労働者・派遣労働者）との間の待遇格差が社会問題化するようになりました。

❷ 日本独自の「同一労働同一賃金」

今般の働き方改革[6]では「同一労働同一賃金」の実現が目指されていますが、これは従来の日本の賃金制度を前提に、正規雇用労働者と非正規雇用労働者との間の不合理な待遇差の解消（均等待遇・均衡待遇の実現）を目的としたものであり[7]、欧米のような職務を基準とした賃金制度への転換を図るものとはなっていません。したがって、同改革における「同一労働同一賃金」は、日本独自のものであり、欧米における「同一（価値）労働同一賃金」とは異なるものです。

また、令和2年には、「同一労働同一賃金」をめぐる複数の判例が出されましたが、これらの判例も、あくまで日本の賃金制度を前

6　働き方改革を推進するための関係法律の整備に関する法律（平成30年法律第71号）参照
7　「同一労働同一賃金ガイドライン」（平30年厚生労働省告示430号）においては、基本給について、職能給、勤続給及び成果給を典型的な賃金制度として挙げ、それぞれの賃金制度に関して事例を用いて、正規雇用労働者・非正規雇用労働者間の均等・均衡を図るための考え方を示しています。

提に、正規雇用労働者と非正規雇用労働者との間の不合理な待遇差を問題としたものです。

　このような働き方改革や判例に対応しようと、多くの企業が制度改革を模索していますが、日本独自の「同一労働同一賃金」への対応であることに注意が必要です。

❸ 年功序列の賃金制度からの脱却

　このように、苦労をして小手先の対応を模索しながら日本型の賃金制度を維持するよりも、働き方改革や判例への対応を超えて、経営戦略として抜本的に「同一労働同一賃金」の賃金制度へ変革していく動きもみられます。

　多様かつ高度な人材を確保するとともに、労働者の就労意欲を高めるなどの観点から、日本企業でも年功序列を前提としない賃金制度の導入が検討されているようです。その一環として、日本企業においても、職務を基準とした賃金制度に移行する動きも出始めています。今後、新型コロナウイルスの感染拡大に伴い、リモートワークなどの多様な働き方が急速に拡大するなかで、賃金制度を見直す動きはますます加速していくものと思われます。

【コラム⑩】日本において職務給に期待する議論の整理

日本では、以前より職務給について、大きく分けて次のような議論がなされてきました。

① 企業横断的な同一労働同一賃金の実現

② 企業内、組織運営における労務管理の合理的な秩序づくりとしての職務分析、職務評価と企業内公正賃金の実現

③ 経営者の恣意的な職務評価の排除による、差別的賃金制度廃止の実現

欧米では、企業横断的、産業別、職種別に賃金の公正な格差をつけるための手法として賃金制度が発達してきましたが、日本では欧米のような賃金決定のための土壌が形成されてきませんでした。そのため、現実問題として上記①のように、同じ職務であればどの企業に入ったとしても、概ね同一の賃金が確保されるという状況を志向した議論は広がりにくく、当面は上記②を志向する議論のなかで職務給を検討することになります。

近年、これらの論点に加え、限定正社員及び非正規雇用労働者と正規雇用労働者との間の待遇差の問題から、均等・均衡処遇が議論されるようになり、職務給への期待とともに、解雇を含めた雇用契約全体を見直す議論も行われています。しかし、現在の労働法や解雇要件が厳しい現状を踏まえれば、組織はこれまで通り、まずは政策的に労働者のポジションを検討、用意することになりますし、職務給も、解雇を容易にする議論とは切り離して検討することになります。

（西村　聡）

Q3 　同一労働同一賃金の原則と理念

　労働者間の待遇（賃金）格差を是正するためには「同一労働同一賃金」の実現が必要であるといわれていますが、この原則の基本となる考え方はどのようなものですか。

Ａ　労働者間の待遇（賃金）格差を是正するための考え方として「同一労働同一賃金」の原則があり、その基本には平等・公平の理念があるといえます。したがって、労働者の待遇（賃金）格差の問題については、まず、比較対象である労働者が誰であるか、当該労働者との間でどのような待遇差が生じているのかをそれぞれ特定します。その上で、当該待遇差に合理的理由が存在するか否かを検討することになります。

［解説］

1 人権保障としての「同一労働同一賃金」

　「同一労働同一賃金」の実現が必要であると主張される場合、単に労働者の処遇改善の問題として捉えられていることが多いように思われます。しかしながら、「同一労働同一賃金」の考え方は、男女間の賃金差別を是正するための概念として使われ始めたことからも明らかな通り、人権保障を実現するための概念として捉えることもできると考えられます。

　また、職務給について、成果主義的な賃金制度として導入が検討されることがあります。確かに職務給は、個々の労働者が達成すべき職務内容や職責が明確になるため、成果給と親和的な賃金制度であるといえます。しかしながら、職務給の前提である職務評価は、業績評価とは異なるものです。むしろ、職務給について注目すべきであるのは、職務という客観的な基準により賃金が決まるため、「同一（価値）労働同一賃金」という（人権保障とまでいうか否かは別

として）平等・公平の理念に最も忠実であるという点です。

❷ 賃金制度における平等・公平の考え方

（1）区別することの合理的理由の有無

　「同一労働同一賃金」の考え方の基本には、平等・公平の理念があります。

　平等権とは、「等しい者を等しく扱え」という標題に表れている通り、比較対象である第三者との間で異なる扱いを受けない権利のことです。憲法や法律においては、すべての人は、法の下に平等であって、人種、国籍、信条、性別、社会的身分、門地などにより差別されることはないと規定されています（日本国憲法14条、労働基準法3条・4条等参照）。

　近代社会は身分制を打破して初めて成立したものであり、個人の人格価値を平等とみることは普遍的な原則です。

　ただし、あらゆる区別を絶対的に許されないものとしてしまうと、かえって不都合な事態となり得ます。そのため、各人間の事実的・実質的差異を前提として、特権の面でも義務の面でも、社会通念からみて合理的な区別を設けることは、平等原則に違反しないと考えられています[8]。

　こうした平等権の問題は、まず誰と誰との間の何に関する区別であるかを特定した上で、当該区別を正当化する合理的理由が存在するか否かを検討するという流れで判断されることになります。

（2）労働者間の待遇の相違

　現在、労働者間において、職務内容が同一であるにもかかわらず

8　芦部信喜（高橋和之 補訂）『憲法（第7版）』 岩波書店、132頁

雇用形態によって待遇（賃金等）に格差が生じていることが社会問題となっています。多くの人々が平等ではない、公平ではないと感じていることが問題の背景にあります。そもそも、民間企業の賃金制度に憲法の平等権の議論が必要かという問題はありますが、仮にこのような労働関係における賃金格差を平等権の問題としてみた場合、まずは、比較対象である労働者が誰であるか、そして、当該労働者との間でどのような待遇差が生じているのかをそれぞれ特定します。その上で、当該待遇差に合理的理由が存在するか否かを検討することになります。

　今般の働き方改革においては、正規雇用労働者と非正規雇用労働者との間の不合理な待遇差を禁止する各規定が整備されています[9]。これらの解釈適用にあたっては、単に非正規雇用労働者の待遇改善の問題としてではなく、平等・公平の理念を意識して厳格に判断がなされるべきであると考えます。

　また、これらの規定が適用されない待遇差に関しても、民法の解釈・適用にあたって平等権の理念が考慮されることにより、公序良俗違反（民法90条）として違法と評価されることがあり得ます[10]。

　そして、労働者間の待遇の相違が違法とされた場合は、不法行為に基づく損害賠償請求（民法709条）が認められる可能性があります。

9　短時間労働者及び有期雇用労働者の雇用管理の改善等に関する法律（以下「パートタイム・有期雇用労働法」）8条・9条、労働者派遣事業の適正な運営の確保及び派遣労働者の保護等に関する法律（以下「派遣法」）30条の3等

10　丸子警報器事件（長野地上田支判平8年3月15日）等参照。同裁判例は、正規雇用労働者・非正規雇用労働者の賃金格差が問題になった事案ですが、本事案に現行のパートタイム・有期雇用労働法を適用した場合、当該格差が同法上違法とされるか否かについては、本判決の認定事実からは必ずしも明らかではありません。

❸ 労働者一般において実現されるべき賃金制度の平等

　今般の働き方改革では、「同一労働同一賃金」の実現が目指されていますが、ここでは正規雇用労働者と非正規雇用労働者との間の不合理な待遇差が問題にされており、その他の労働者間の待遇差については定められていません。もちろん、正規雇用労働者と非正規雇用労働者との間の賃金格差は、現在、大きな社会問題となっており、重点的に対策がなされることは当然であるといえます。しかしながら、上記の通り、本来、賃金制度における平等は、労働者一般において実現されるべきものです。したがって、賃金制度を平等・公平の観点から見直すにあたっては、正規雇用労働者・非正規雇用労働者間の問題に矮小化することなく、労働者間の賃金の相違一般について合理的理由が存在するか否かを慎重に検討する必要があると考えます。

日本型雇用システムにおける賃金制度の問題点は何ですか。

A　経済の低成長が続くなかで、雇用の調整弁として非正規雇用労働者の活用が進んだ結果、不本意非正規雇用労働者が増大しています。また、長時間労働や転勤など企業に対する拘束性の強い働き方は、育児・介護・障害・病気など様々な事情を抱えた労働者の就労を阻んでいます。

　今後、労働者の属性や働き方が多様化するなかで、長期雇用を前提に待遇面で優遇された雇用形態を維持し続けることは、こうした働き方から除外された労働者に対して不公平感を生じさせる可能性があります。

【解説】

1 賃金制度上の問題

　日本では、従来、大企業を中心に、終身雇用を前提とし、労働者の生活保障や勤続年数などが考慮されて賃金制度が組み立てられてきました。具体的には、職務遂行能力に応じて労働者を等級に分け、その等級に応じて賃金を支払うという職能給が一般的でしたが、実際のところ職務遂行能力を客観的に評価することは困難であり、多くの企業において年功序列の賃金制度になっていました。

　確かに、こうした賃金制度は、企業にとって、労使協調の下で労働者を囲い込み、自社の裁量において人材の育成及び活用が行えるという点で利益がありました。また、経済成長が続き人員構成が若年者に偏っていた時代においては、勤続年数に応じて賃金が増大したとしても、企業にとってさほど大きな負担にはならなかったものと思われます。

　同時に、こうした生活保障的な賃金制度が企業別組合の活動に

よって獲得されてきたという経緯から明らかな通り、労働者にとっても、終身雇用や年功賃金は生活保障的な意味で大きな利益をもたらす賃金制度でした。

しかしながら、バブル経済崩壊後、日本経済の停滞が続き、少子高齢社会となるなかで、従来の賃金制度は社会の実態にそぐわなくなりつつあります。中高年に偏る人員構成が、企業の賃金負担を増大させていることはいうまでもありません。また、正規雇用労働者と非正規雇用労働者との間の待遇格差が社会問題となっていることも周知の通りです。

そして、日本型雇用システムにおいては、長時間労働や転勤などの拘束性の強い働き方が一般的であり、育児・介護・障害・病気など様々な事情を抱えた労働者が、それらの事情と仕事とを両立させながら各人の能力に見合った待遇を得ることを困難にしています。

② 不本意非正規雇用労働者の問題

非正規雇用労働者は従来から存在しましたが、日本経済が安定成長していた時代においては、専業主婦や学生など世帯主以外の補助的労働という色彩が強く、正規雇用労働者との間の待遇格差が問題となることは多くはありませんでした。

しかしながら、90年代になると、就職氷河期世代に代表されるように、正規雇用労働者に採用されず、不本意ながら非正規雇用に就いている労働者[11]の存在が社会問題としてみなされるようになりました[12]。

11　厚生労働省は、「不本意非正規雇用労働者」を、「現職の雇用形態（非正規雇用労働者）に就いた主な理由が『正規の職員・従業員の仕事がないから』と回答した者」と定義し、その人数を集計しています（厚生労働省「平成30年版　労働経済の分析　―働き方の多様化に応じた人材育成の在り方について―」第1−(2)−16図「不本意非正規雇用労働者の割合・人数の推移」）。
12　「ワーキングプア」（フルタイムで働いても生活するのに十分な収入が得られない貧困状態にある者）や、リーマンショック時の「年越し派遣村」等

バブル経済崩壊後の低成長時代において、終身雇用制を採用する多くの企業では、正規雇用労働者の雇用や賃金水準を維持するため、非正規雇用労働者の雇用を拡大していきました。非正規雇用労働者は、雇用保障がないため不景気の際には雇止めに遭い、これにより正規雇用労働者の雇用が維持されました。また、非正規雇用労働者の賃金を低く抑えることにより、正規雇用労働者の賃金水準が確保されました。

　こうした企業の対応により、正規雇用労働者と非正規雇用労働者との間で待遇差が顕在化し、雇用が二極化するようになりました。かつて企業別組合が企業から勝ち取った待遇は、あくまで正規雇用労働者限りのものであり、現代においては、もはや非正規雇用労働者の目には既得権益にしか映らなくなってしまったといえます。たとえ正規雇用労働者への変更（登用）が制度上可能であったとしても、正規雇用労働者数が抑制されている現状では、非正規雇用労働者にとって正規雇用労働者の地位は特権として捉えられているのではないでしょうか。

❸ 様々な事情を抱える労働者の就労を阻害

　日本型雇用システムは、男性の正規雇用労働者が会社で働き、その妻が家庭において家事や育児・介護を担うという専業主婦世帯を標準としていました。また、労働力の需給調整を企業内部で完結させる内部労働市場の存在などにより、正規雇用労働者は、全国転勤や長時間労働など、企業への拘束性が強く、家庭と仕事の両立が不可能な働き方を強いられてきました。

　このような拘束性の強い働き方を行えるのは、家事専業配偶者をパートナーに持つ労働者などに限られており、日本型雇用システムにおいて、育児・介護・障害・病気など様々な事情を抱えた労働者が就労を通じて能力を発揮することは困難な状況でした。フルタイム勤務が可能な労働者のみを正規雇用労働者として優遇すること

は、その他の労働者の就労意欲を削ぐものであり、生活と仕事の両立を図る社会の趨勢にも逆行するものと言わざるを得ません。また、労働者の就労が阻害されている状況は、少子高齢化により人手不足が深刻化するなかでは大きな社会的損失であるともいえます。

４ 企業の機動力の阻害

　社会変化が激しい現代において、企業が変化へ対応して発展していくためには、スピード感を持った経営が必要になります。しかし、日本型雇用システムは、終身雇用を前提に、社内で優秀な労働者を育てていくという考え方が基になっており、スピード感を持って人事対応するのにはもともと不向きです。新たな分野への開発や参入をするなど、優秀な即戦力をいかに速やかに獲得できるかということは企業の生き残りにも影響します。

　年功型賃金の残った企業が、即戦力となる中途採用者をどのような待遇で迎えられるかということは困難な問題であり、年功型賃金の下では、歪な修正を加えなければ対応できなくなっているといえます。

【コラム⑪】職能給による賃金は、本当に労働の対価？

　職能給は、労働者の知識や潜在能力を含む保有能力の高さ（＝価値）で序列管理する職能資格等級制度に従い、該当する等級に応じて支給される賃金です。

　該当する等級は、職能評価によって格付けされることになりますが、これを実施するためには、職務調査による課業の洗い出しと、これを遂行する能力レベルを明らかにする必要があります。つまり、職能給も、本来は職務を明らかにした上で機能するものです。しかし、多くの企業において、これが初めから見落とされているように思います。

　したがって、新たに等級制度を構築しても、職務調査はされず、当然職能評価も行われないままに、格付けが行われます。これは結果として年功的格付けとしかなり得ず、賃金序列はあまり変わることなく、青天井であった賃金に限度を設ける程度となっています。

　加えて、職能給において年功的要素を含んだ生活給的配慮をしておきながら、これに年齢給をさらに重複して支給するなどすれば、労働の対価という賃金の原則からは、さらに大きく乖離してしまうことになります。

　なお、アメリカでは1980年代から、職務のサイズだけでなく、職務経験や個々の職務遂行能力の伸長度を加味する技能給（skill-based pay）が導入され始めましたが、能力評価の困難度、賃金コストの膨張といった事情から、現在導入している企業はごく僅かとなっています。

（西村　聡）

　職務給導入の意義

職務給の導入にはどのような意義がありますか。

Ⓐ　職務給では、客観的な基準に基づく職務評価によって賃金が決
　定されるため、その評価が適切になされている限り、労働者間に
　不合理な賃金の相違が生じることはありません。また、労働者間
　の基本的な賃金の相違は、職務評価に基づく職務等級によって生
　じるものであるため、労働者に対して賃金の相違を客観的に説明
　しやすく、労働者の納得が得られやすいという利点もあります。
　そのため、職務給を導入する多くの企業は、待遇（賃金）の格差
　に関する労働者間の不公平感を払拭することを通じて、生産性の
　高い職場の実現を目指しているものと考えられます。

【解説】

1 不合理な賃金の相違が生じにくく、納得されやすい

　労働者間の賃金に相違を設ける場合には、合理的な理由が必要で
す。

　この点、職務給は、職務評価により仕事の難易度等を客観的に測
定した結果、同一価値とされた職務に対しては同一の賃金を支払う
という賃金制度です。これは、「賃金が労働の対価である」という
労働契約の本質に即しているということは勿論のこと、「等しい者
を等しく扱え」という平等・公平の理念にも最も適合的であるとい
えます。

　換言すれば、職務給においては、労働者間の賃金の相違は客観的
な職務内容に応じて生じるものであるため、職務評価が適切になさ
れている限り、労働者間の賃金の相違が不合理であると判断される
リスクは相当低くなるということです。

　また、職務給は、賃金の相違について合理的な理由が説明しやす

い賃金制度であるため、賃金の決定過程における透明性が高く、労働者の納得が得られやすいという利点もあります。

② 職能給は賃金の相違理由の客観的説明が困難

他方で、従来の日本企業においては、職務遂行能力に応じて労働者を等級に分け、その等級に応じて賃金を支払うという職能給が一般的でした。ただ、実際のところ職務遂行能力を客観的に評価することは困難であり、多くの企業において年功序列の賃金制度になっています。

こうした賃金制度においては、賃金と職務内容との関係が曖昧にされることが多いため、労働者間の賃金の相違に関して、職務内容に応じて客観的に説明することが難しい場合も少なくないといえます。

③ 労働者間の待遇（賃金）の相違に関する不公平感を払拭する経営戦略

現行法においては、賃金の相違に関する不合理性の判断にあたって、職務内容だけではなく、長期雇用を前提に人材活用の仕組み・運用等が構築されていることなど、様々な事情が考慮されます[13]。したがって、職務内容が同一である労働者間の賃金に相違を設けたとしても、それがすぐに不合理と判断されるわけではありません。そのため、現行法に対応することだけを考えれば、必ずしも職務給を導入することまでは必要ではなく、従来の賃金制度を維持したままでもその対応は可能であるといえます。

しかしながら、今後、労働者の属性や働き方が多様化するにつれ

---

13 平31年1月30日基発0130第1号（パートタイム・有期雇用労働法施行通達）第1の4(2)ハ、第3の4(5)等

て、同一の職務に対する賃金の相違に関して、労働者の理解や納得を得る必要性がより一層高くなることが予想されます。長期雇用を前提に待遇面で優遇された雇用形態を正規雇用として維持することは、そうした雇用形態から除外された労働者に対して不公平感を生じさせるものであり、身分制を想起させるものとさえいえます。

　人格の価値を平等とみることは、近代社会において普遍的な原則であり、個人がその能力を発揮するためには平等・公平と感じることが不可欠です。したがって、たとえ労働者の認識レベルであっても、賃金制度が平等・公平の理念に悖る状況を放置すれば、個々の労働者がその能力を十分に発揮することはできません。技術革新のスピードが速い現代においては、労働者の能力発揮を阻害しているような企業が成長するとは考え難いところです。

　このように現代では、労働者の就労意欲や技能を高めるために、いかなる雇用形態を選択しても納得感が得られるような賃金制度を早急に整える必要があります。

　この点、職務給は、同一価値の職務に対しては同一の賃金を支払うというものであり、賃金の決定過程における透明性が極めて高い賃金制度であるといえます。そのため、職務給を導入すれば、賃金の相違に関する不公平感を解消することができます。すべての労働者がその働きぶりに見合った報酬を受け取ることができるようになれば、労働者の就労意欲は高まり、ひいては企業の生産性の向上につながるものと思われます。

　したがって、労働者の属性や働き方が多様化するなかで、職務給を導入することは、経営戦略の面においても有意義であると、多くの企業が検討しているものと思います。

【コラム⑫】経営戦略と同期化した賃金制度

　職務等級制度は、めまぐるしく変化していく経営環境の下において、常にビジョンに向かって革新していくための経営戦略と同期化した人事制度です。経営戦略とこれに同期化した職務等級制度との関係は、図表2－1のように表すことができます。

　ビジョンを実現するための戦略課題を設定し、これを解決するための（単年度）経営計画を立案、この計画に合わせた職務行動が職務記述書に落とし込まれ、この職務記述書に基づいて人事諸制度を運用することを表しています。

　最も重要なことは、ビジョンを実現するための職務行動を定

図表2－1　経営戦略と職務等級制度

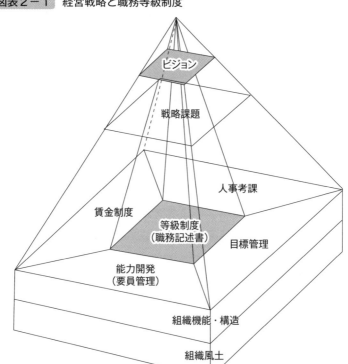

義した職務記述書をどのように作成していくかということです。

　これまでに導入されてきた職能・職務基準書は、多くの場合、職務調査・分析すら実施されず、部門、職種に関係のない汎用的な等級定義に基づいた非常に抽象的なもの、あるいは今後の期待行動や過去から行ってきた仕事のみを職能・職務基準書として書き上げたものでした。つまり、経営課題の解決のための行動が具体的に示されているものではありませんでした。

　たとえ職務を明確にしまいが、重複業務などの無駄があろうが、職務内容が不明確で多少の社会的ストレスがあろうが、転勤・異動があり生産性が基準値になるまでの期間が長かろうが、高度経済成長期はこれらの問題を覆い隠すだけの付加価値が稼げたといえます。

　しかし、経済成長が鈍化した瞬間から、これらの問題が顕在化しました。特に、将来価値とされる人の潜在能力ほど当てにならないものはなく、これを価値として賃金を支払おうものなら、人件費がいくらあっても足りなくなるのは必然です。多くの企業が慌てて人事制度を見直すことになりましたが、多少改定したところで、ベースとなる決定基準が能力であるため、結果（業績）を伴うことはありませんでした。

　なお、同一労働同一賃金ガイドラインにおいて、基本給については、「社員のタイプによって将来の役割期待が異なるので、賃金の決定基準・ルールに違いがあるという主観的・抽象的説明では不十分であり、職務内容、職務内容・配置の変更範囲、その他の事情の客観的・具体的な実態に照らして不合理であってはならない」としています。しかし、多くの日本企業に導入されている年功（職能）給そのものが合理的ではありませんし、そもそも社員のタイプによって原則の異なる制度により生じた賃金差を比較すること自体が不合理です。多くの非正規雇用労働者と、それとほぼ同等の職務を担当する配置転換がない正規

雇用労働者を抱える地方の中小零細企業では、今後多くの問題を抱えることが予想されます。

　また、めまぐるしく変化する環境に適合しなければならない企業において、明確な職務行動が定義されていないことは、労働者の積極性や環境への適応性をますます阻害することになるでしょう。

　このような状況を打開するため、経営戦略と同期化した職務等級制度が注目されるようになってきたのです。

（西村　聡）

【コラム⑬】職務等級制度と職能資格制度の相違点

　近年、「ジョブ型雇用」という概念が明確に定義されることなく、多くの識者により様々に解釈されることによって、日本における職務等級制度への誤解が広がっているように感じます。

　日本の職務等級制度は戦後より厳然と存在しており、様々な企業で構築、導入されてきています。このことからも、この制度が日本の労働法及び判例や労働慣行の上に成立していることは紛れもない事実です。

　そもそも、日本と社会的背景が異なる賃金である Wages based on job evaluation が「職務給」と訳された時点で、既に日本特有の概念となっており、欧米とは異なる解釈による職務給の運用がなされているのです。

　しかし最近になって、「欧米のジョブ型雇用は、職務がなくなれば解雇でき、職務等級制度はこれがベースになることから、無限定、無期雇用の日本には馴染まない」、あるいは「ジョブ型雇用は、職務給を前提としており、定期昇給を前提とする日本での運用は難しい」という声が聞かれるようになりました。今

更ながら、異なる概念を持った欧米の制度あるいは定説のない他の概念を日本の現実の雇用制度にそのまま持ち込み、適用困難と批評される始末です。これに関する議論そのものが虚誕妄説で、これに意味を見出そうとすること自体が無為に感じます。

このように、職務等級制度に対する批判や誤解は多数あります。本来は、概念が異なる制度であっても、その本質が日本の雇用制度において役に立つならば、それをどうすべきか、その活用策を模索することが重要なのではないでしょうか。しかし、残念ながら現状はそこに至っているようには思えません。

これに加えて指摘しておくとすれば、「人事制度に正解はない」という見解についてです。確かに、現在、日本における雇用法制において等級制度や賃金制度を規定した法律はなく、それゆえに様々な制度が存在しています。しかし、どのような制度であっても、その基礎に「職務（ジョブ）」を置くことが原則であり、職務を基準としていないような制度は間違いであるということです。

次頁の図表2-2は、日本における職務等級制度と職能資格制度の相違点を挙げ、昨今の「ジョブ型雇用」の議論の整理を試みたものです。日本における職務等級制度のあり方が理解できるのではないでしょうか。

人事管理上、不可欠な「職務（ジョブ）」という概念の定着は、①職責の明確化によって個々の目標が定まること、②職務を設計する過程で現状の生産性の分析ができ、そこから向上策を検討できること、③雇用の身分区分ではなく、職務を通せば労働者を平等に扱えることなど、今の日本の人事管理が抱える多くの問題に対して解決策をもたらすものと考えています。

（西村　聡）

図表2-2 職務等級制度と職能資格制度の相違点

職務等級制度	比較要素	職能資格制度
企業が企業目的・目標から戦略的に機能展開し、期待される役割・職務（ポスト・ポジション）を明らかにした上で、それらの価値をベースとする制度	定義	企業が期待する職種別・等級別の職能像を明らかにした上で、労働者一人ひとりの職務遂行能力（潜在能力を含む保有能力）をベースとする制度
① 職務評価による職務の価値を基準とする ② 職務分析による職務記述書、職務明細書に基づく ③ 業績評価としては、原則として定められた職責の達成度を評価する	評価基準	① 職能評価による保有能力の価値を基準とする ② 職務調査による職能基準書、職能要件書に基づく ③ 人事考課としては、原則として職能伸長度を評価する
① 経営環境変化に応じて職務を編成、設計することで、適材適所の配置が戦略的にできる ② 職種内でのキャリア形成となる。プロフェッショナル人材の育成を目指す。このため、職種間での異動は起こりにくい ③ 雇用形態に関係なく職務評価による職務等級によって基本給が決まる	特徴	① 大まかに決めた職務を与えるが、経営環境状況に応じて、適材適所の配置転換が行いやすい ② 職種間での異動を行いゼネラリストの育成を目指す ③ 異動があっても、職務の難度に関係なく、職能等級に応じた基本給となる
① 原則として、企業が定めない限り定年はない ② 採用は、原則、職種（職務）別に行う ③ （無限定）正社員・限定正社員、正規・非正規雇用労働者の身分区分は存在するが、身分区分によって決定される賃金ではなく、時間・期間区分による（職務評価に基づく）賃金を目指す	正社員雇用	① 定年が定められている場合が多い ② 採用は、原則、職種を限定しない ③ 限定正社員が存在する。また、正規、非正規雇用労働者の身分区分が存在する
賃金は、全労働者について職務評価による職務価値及び勤務時間による。 したがって、定年後再雇用者についても、職務価値で賃金を支払うことになる	正規・非正規雇用労働者の賃金	① 有期雇用労働者に対しては、職務給が適用される場合が多い ② 限定正社員の場合、本人の保有能力に関係なく、基本給は別水準となり、昇格・昇進にも制限が発生する

① 組織が必要とする職務・役割には制限（定員）があるので、この空きが発生した時に昇任できる ② 職務・役割がなくなれば離脱し、他の職務・役割に異動する。降級することもある	昇級と任用	① 保有する職務遂行能力が高まれば昇格できる。原則として、能力の伸長は無限と捉えており降格はない ② ポスト数に関係なく昇格するため、専門管理職が増える傾向になる
原則として行われないが、会社の業務命令により、配転が行われているのが現状である	配置転換（異動）	会社の業務命令に従う
① 同一価値労働同一賃金（職務給）が基本 ② 基本的に定期昇給はなく、降給もない ③ 業績評価による業績給が職務給に付加される ④ 職務等級が異動になれば、賃金は等級に応じて変動する ⑤ 無限定、限定正社員の区分ではなく、職務評価の価値による	賃金の特質	① 同一職能同一賃金が基本 ② 基本的に、能力が伸長することを前提としているため定期昇給となる。また、原則として降給はない ③ 人事考課の結果である査定昇給と、年齢給及び勤続給がある場合は、自動昇給がある ④ 異動による基本給の変動はない
① 高い能力を保有していてもポスト、ポジションが空かない限り、高い賃金を得ることはできない。逆に、価値の低い職務に異動した場合は、低い賃金を受けることになる ② 職種間異動が行われることは少ないが、異動となった場合に賃金の変動の可能性がある ③ 職務分析、職務評価の実施及び職務記述書の作成に手間がかかる	問題点	① 職務遂行能力に客観性は乏しく、年功賃金になりやすい。このため人員数及び人件費が自動膨張してしまう ② 職務と職能が連動していないことから、職責が曖昧になる。このため、企業目標と連動させることが難しい ③ 職務を明らかにできていなければ、職能をベースとして基本給が設定されていること自体が、差別的賃金につながる ④ 職務調査が実施されておらず、職能基準書が整備されていないため、職務と職能のミスマッチが生じる ⑤ 定年後再雇用者が定年前とほぼ同一の仕事をしているにもかかわらず、賃金減額が行われている

<共通点>
① 戦略的観点から職務を設定することは、両制度とも同じである。
② いずれの制度においても、日本における雇用では正社員は無期雇用社員と理解されている。もっとも、「無期」といいつつも、現時点では定年制を採用する企業が多い。定年退職年齢は法律によって段階的に上げられており、定年制をとらない企業も増えている。
③ 解雇事由については、現時点では両制度とも同じである。

現行法上の規定

「同一労働同一賃金」に関して、現行法上どのような規定が
整備されていますか。

A 正規雇用労働者と非正規雇用労働者との間の不合理な待遇差の
解消を図るため、均等・均衡待遇に関する規定、待遇差に関する
説明義務に関する規定、行政による履行確保措置及び裁判外紛争
解決手続などが整備されています。さらに、均等・均衡待遇の規
定の解釈に関して、厚生労働省によりガイドラインが作成されて
います。

【解説】

■ 同一労働同一賃金の規定等

正規雇用労働者と非正規雇用労働者との間の不合理な待遇差の解
消を図るため、均等・均衡待遇に関する規定[14]が整備されており、併
せて労働者に対する待遇差に関する説明義務も定められています[15]。
また、これらの規定の実効性を確保するために、行政による履行確
保措置及び裁判外紛争解決手続（行政 ADR）が整備されています[16]。

さらに、均等・均衡待遇の規定の解釈に関してガイドラインも作成
されています（以下「同一労働同一賃金ガイドライン」）[17]。

しかし、これらの規定やガイドラインは、従前の賃金制度を前提
にして、あくまで正規雇用労働者と非正規雇用労働者との間の不合
理な待遇差の解消を図るためのものであり、日本型の「同一労働同

---

14 パートタイム・有期雇用労働法8条・9条、派遣法30条の3
15 パートタイム・有期雇用労働法14条、派遣法31条の2
16 パートタイム・有期雇用労働法18条・25条、派遣法48条1項・49条1項・14
　　条1項2号等
17 前掲7

一賃金」に関するものです。

　世界標準の用語としての「同一労働同一賃金」は、職務評価により同一価値の労働とされた場合には、同一の賃金を支払わなければならないというものですが、現行法においては、職務内容以外にも、長期雇用を前提に人材活用の仕組みが構築され、運用されているなどの様々な事情が考慮されるため、必ずしもこうした世界標準の考え方に沿った規定とはなっていません。今後の立法や司法判断において、どのような対応がなされていくのかに注目したいところです。

Q7　働き方改革における職務給の位置付け

今般の働き方改革において、職務給の位置付けはどのような
ものですか。

Ⓐ　今般の働き方改革は、直接的には職務給の導入を要請するもの
ではありませんが、現行法上の各規定を運用するなかで、従前の
ように賃金と職務との関係を曖昧にし続けることは困難になるこ
とが予想されます。

【解説】

1 職務給の導入を要請するものではない

今般の働き方改革は、従来の日本の雇用制度を前提に、正規雇用
労働者（無期雇用フルタイム労働者）と非正規雇用労働者（パート
タイム労働者・有期雇用労働者・派遣労働者）との間の不合理な待
遇格差の是正を目的としたものであり、欧米のような職務を基準と
した賃金制度への転換を図るものとはなっていません。

2 「同一労働同一賃金ガイドライン」は職務給に親和的な面も

今般の働き方改革における「同一労働同一賃金」に関する政策は、
日本における労働市場全体の構造に応じた形で策定されたものです
が、政策の方向性等については、職務給が一般的な欧州の制度を参
考にしながら検証がなされました[18]。また、「同一労働同一賃金ガ
イドライン」「第1目的」においては、「今後、各事業主が、職務の
内容や職務に必要な能力等の内容の明確化及びその公正な評価を実

18　前掲7「第1目的」参照

施し、それに基づく待遇の体系を、労使の話合いにより、可能な限り速やかに、かつ、計画的に構築していくことが望ましい」と指針が示されています。

　もとよりこうした指針は法的拘束力を持つものではありませんが、今回の働き方改革は、少なくとも政策レベルでは、職務という客観的な基準により賃金が定まる労働市場を指向しているのではないかと思われます。

❸ 待遇差に関する説明義務の存在が賃金制度に与える影響

　長期雇用を前提とした働き方が支配的であった従来の社会においては、非正規雇用労働者は、あくまで補助的な労働力と位置付けられており、正規雇用労働者との間の待遇差はある程度黙認されていたのかもしれません。しかしながら、労働者に占める非正規雇用労働者の割合が増加し、また、労働者の属性や働き方も多様化した現代においては、待遇差について客観的かつ具体的な理由が示されない限り、労働者の納得を得ることは困難です。パートタイム・有期雇用労働法や派遣法においては待遇差に関する説明義務[19]が規定されていますが、これらの規定はこのような趣旨で定められたものであると思われます。

　そして、賃金の差異について透明性の高い説明を行うためには、正規雇用労働者の職務内容を含めて、今後は、職務内容と賃金との関係を明確にする必要があります。この点、職務評価によって賃金が定まる職務給は、労働者に対して客観的に賃金の相違を説明しやすいため、上記の説明義務を履行しやすい賃金制度であるといえます。

19　前掲15

Q8　雇用市場への影響

　日本において職務給が普及すると、雇用市場や人材育成にどのような変化が生じると考えられますか。

Ａ　労働者にとっての雇用市場は、現在は社内マーケットが中心ですが、今後は、外部労働市場という広いマーケットの中で自分に合った職務を見つけていくというように、外部労働市場が発達する可能性があります。また、社内教育による「会社に貢献するための人材」育成から、外部労働市場も含めた「社会が求める人材」への教育のニーズが高まり、大学院等の人材育成機関が発達する可能性があります。

【解説】

■1 外部労働市場の発達

　欧米の企業等においては、職種を特定して労働者を雇用することが一般的であり、その職務がなくなれば雇用契約が解消されることも珍しくありません。そのため、欧米では転職しやすい労働市場が整備されています。

　他方で、日本においては、厳格な解雇規制の存在などにより雇用の流動性が乏しい代わりに、企業内部において配転等によって人材を活用する仕組みが整備されています。

　職務給を導入することは、必ずしも職種を限定した雇用につながるものではありませんが、日本でも職務給が普及すれば、雇用のあり方が職務を基本としたものに変容していく可能性があります。そうなれば、日本においても、労働者の専門化が進展するとともに、職種別の外部労働市場が発達する可能性があります[20]。

2 人材育成機関の発達

　日本企業においては、従来、長期雇用を前提に人材の育成を社内で行うことが一般的でした。しかし、上記の通り、外部労働市場の発達に伴い人材の流動性が高まれば、これまでのように社内で長期的に労働者を育成するというよりも、即戦力となる人材を外部から獲得するということが一般的になると思われます。そうなれば、労働者は、企業等から求められる知識や技能をあらかじめ習得しておく必要があります。こうした需要に応える形で、日本においても大学院等の人材育成機関が発達する可能性があります。

20　派遣法では、派遣元事業主に対し、
　　1「派遣先均等・均衡方式」（派遣先の通常の労働者との均等・均衡待遇の確保）（派遣法30条の3）
　　2「労使協定方式」（一定の要件を満たす労使協定による待遇の確保）（派遣法30条の4）
　のいずれかの待遇決定方式により、派遣労働者の待遇を確保することが義務付けられています。このうち、2「労使協定方式」については、派遣労働者の賃金の決定の方法を労使協定に定めることとされ、当該方法については、「派遣労働者が従事する業務と同種の業務に従事する一般の労働者の平均的な賃金の額として厚生労働省令で定めるものと同等以上の賃金の額となるものであること」（派遣法30 条の4第1項第2号イ）等（以下、平均的な賃金を「一般賃金」という）の要件を満たすことが必要とされています。
　　一般賃金は、統計調査等に基づき、局長通達（令2年10月20日職発1020第3号）で提示されていますが、これはまさに職種別平均賃金です。このように、日本では、正規雇用労働者に関しては職種別の外部労働市場が未発達ですが、派遣労働者に関しては、既に職種別に（職務内容によって）賃金が決定されているといえます。

Q 9 正規雇用労働者間での考え方

「同一労働同一賃金」は、正規雇用労働者間においても問題になるのですか。

Ⓐ　正規雇用労働者間においても「同一労働同一賃金」は問題になります。

【解説】

1 正規雇用労働者間においても雇用形態の違いによる不合理な待遇差は許されない

　正規雇用労働者間においても「同一労働同一賃金」は問題になります。まず、正規雇用労働者と一口にいっても、その中には、総合職、一般職、勤務地限定正社員など、職務内容や職務内容・配置の変更範囲が異なる様々な雇用形態が存在します。正規雇用労働者間においても、こうした雇用形態の違いにより不合理な待遇差を設けることは許されません。

　正規雇用労働者間の待遇（賃金）格差については、パートタイム・有期雇用労働法及び派遣法が適用されないので、その違法性の判断にあたっては、公序良俗違反（民法90条）に該当するか否かが問題になるものと思われます[21]。

21　京ガス男女賃金差別事件（京都地判平13年9月20日）は、女性社員（原告）が、同期入社の男性社員との間の賃金格差は女性であることを理由とする差別にあたるなどとして、民法90条違反等による不法行為に基づき、差額賃金相当の損害金や慰謝料等の支払いを求めた事案です。この裁判では、正規雇用労働者間における性別を理由とした賃金格差が問題となりましたが、原告は、同一価値労働同一賃金の原則の観点から、原告の職務と同期入社の男性社員の職務について職務分析及び職務評価を行った結果を意見書として提出しました（森ますみ『京ガス男女賃金差別事件に関する意見書』）。

② 今後は雇用形態の多様化により、全労働者が公平感を共有することは困難になる可能性がある

　日本型雇用システムにおいては、職務遂行能力に応じて労働者を等級に分け、その等級に応じて賃金を支払うという職能給が一般的であり、同一の等級であれば、職務内容が異なっていても賃金が同額であることもあり得ます。また、年功序列な賃金制度により、同じ職務内容であっても、勤続年数の長い労働者のほうが、短い労働者よりも賃金が高額になることがあります。

　確かに、長期雇用を前提に労働者をゼネラリストとして育成するとともに、社内において労働力を柔軟に調整するためには、こうした仕組みも必要であったといえます。しかし、今後、日本企業においても、中途採用者や職種限定正社員等が増加することにより、社内の雇用形態が多様化していく可能性があります。そのような状況になれば、職務内容との関連性が曖昧な賃金制度について、全労働者が長期（終身）雇用の全過程を見通して公平感を共有することは困難になるのではないでしょうか。職務と無関係な賃金の相違に関しては、長期雇用の全過程のなかで公平性が保たれているという説明が考えられますが、こうした説明は、長期雇用や広範な配転を前提としない正規雇用労働者に対しては通用しないのではないかと思われます。

　そうすると、今後は、雇用形態が多様化するなかで、正規雇用労働者間においても、職務内容と賃金との関係を明確化することにより、賃金制度の透明性を高めていく必要があります。

第3章

職務給の設計と法理

本章のねらい

本章では、職務給を導入する企業が職務給の設計段階で注意すべき点について説明します。

職務給を設計する際に注意すべき点を教えてください。

A 職務給の賃金設計を行う場合、次のような規程内容となるよう注意してください。

> (i) 各職務の内容・職責が明確に定められ、各職務の価値に対する評価が公正で合理的である
> (ii) 各職務の相互関係において賃金率に均衡が取れている

【解説】

1 賃金に対する法的規制

　賃金は労働者の生活を支えるものであることから、基本的な事項について法律で規制されています。労働基準法24条で賃金支払いの原則（全額払い、通貨払い、直接払い、月1回払い、一定期日払い）のほか、同法3条、4条で賃金に関する差別的取扱いの禁止（労働者の国籍、信条又は社会的身分、女性であることを理由として差別してはならない）が、パートタイム・有期雇用労働法で短時間労働者・有期雇用労働者のための均衡・均等待遇の原則（同法8条・9条）が、さらに最低賃金法では最低賃金制度について定められています。賃金設計にあたり、これらの規制を遵守すべきことはいうまでもありません。そして、賃金制度に関する事項は、就業規則の絶対的必要記載事項（労働基準法89条2号「賃金の決定…に関する事項」）となります。

❷ 職務給の賃金設計の注意点

　上記の法的規制に従った上で、年齢給・勤続給・職能給・職務給など、企業がいかなる賃金制度を採用するかは、企業の自由な裁量に委ねられています。

　では、賃金制度として職務給を設計する場合、どのような点に注意しなければならないのでしょうか。

（1）職務給を採用する目的を達成する設計内容であること

　職務給は、企業内における各職務について内容や職責、難易度を分析し、各職務の価値を評価して、その価値を基準に賃金を決定する制度であり、その目的は同一労働同一賃金を実現するという点にあります。すなわち、同一の価値を有する職務に対して同一の賃金を支払うという制度を導入すれば、雇用形態に関係なく平等・公平に賃金が決定されることになり、労働者にとっては能力を発揮できる環境が整備され仕事へのモチベーションの上昇につながります。他方、企業にとっては労働生産性が上昇し経営効率にプラスとなることが期待できます。これが職務給を採用する目的です。

　そうすると、職務の価値というものが賃金額の決定に非常に重要になります。例えばAの職務（労働）とBの職務（労働）は同価値なのか、あるいはCの職務とDの職務ではどちらがどの程度価値が高いのか、といった評価が公正で合理的になされないと、平等・公平な賃金配分ができなくなり、労働者にとっては賃金への不公平感が生じ仕事へのモチベーションにつながらず、職務給を導入した目的が果たせません。

　そこで、職務給を採用する目的を実現するためには、(i)各職務の内容・職責が明確に定められ、各職務の価値に対する評価が公正で合理的であり、(ii)各職務の相互関係において賃金率に均衡が取れているような規程を設計する必要があるのです。

（2）法的リスクに対応し得る設計内容であること

つぎに、賃金に関して生じ得る法的紛争を可及的に回避でき、かつ仮に裁判になったとしても勝訴できる、すなわち法的リスクに対応し得る制度設計であることが非常に重要となります。

そこで、上に掲げた(i)(ii)の条件を充足する賃金設計であれば法的リスクに対応できるのかを検証します。

ア　賃金制度に対する裁判の判断ポイント①

賃金制度を起因とする紛争としてまず考えられる類型は、他の賃金制度から職務給への変更が、不利益変更（労働契約法10条）に該当するため無効であると労働者から訴訟提起されるケースです。労働契約法10条[1]は、労働条件の不利益変更が合理的であり有効といえるか否かの判断要素の一つに「変更後の就業規則の内容の相当性」を挙げています。この「相当性」とは極めて抽象的な語句であり、何をもって変更後の就業規則が「相当である」と判断されるのかが判然としません。

そこで、いくつかの裁判例における「相当性」を賃金の設計内容のみに焦点を当てて吟味すると[2]、ノイズ研究所事件（東京高判平

---

1 労働契約法10条「使用者が就業規則の変更により労働条件を変更する場合において、変更後の就業規則を労働者に周知させ、かつ、就業規則の変更が、労働者の受ける不利益の程度、労働条件の変更の必要性、変更後の就業規則の内容の相当性、労働組合等との交渉の状況その他の就業規則の変更に係る事情に照らして合理的なものであるときは、労働契約の内容である労働条件は、当該変更後の就業規則に定めるところによるものとする。ただし、労働契約において、労働者及び使用者が就業規則の変更によっては変更されない労働条件として合意していた部分については、第12条に該当する場合を除き、この限りでない」

2 「相当性」の内容には業務上の変更の必要性と労働者の（変更による）不利益の均衡、特定層に不利益が偏在しないような代償措置や他の労働条件の改善、経過措置を定めること、人事考課制度の整備など様々な要素が検討要素として考えられますが、ここでは賃金そのものの設計内容に焦点を絞って検討しています。その他の要素については、第4章をご覧ください。

18年6月22日）³では、（新賃金制度における職務等級制度は）

① 従業員の職務の重要性の程度に応じた処遇がなされること

② 賃金原資の配分が合理的なものであること

③ 賃金額が当該従業員に与えられる職務の内容と当該従業員の業績、能力の評価に基づいて決定する格付けによって決定されること

等の点を挙げて相当だと判断していると考えられます⁴。

　また、県南交通事件（東京高判平15年2月6日）⁵では、新たな賃金制度が、

④ 労働生産性に比例した公平で合理的な賃金を実現するという利点を生じさせており、新規の従業員の採用が円滑化し、また、在職する従業員の働く意欲にも良い影響を与えるようになったことから、合理性と相当性を兼ね備えているものということができる

と判断しています。

　このうち、(i)が①③を、(ii)が②④を充足させるものと考えることができます。

イ　賃金制度に対する裁判の判断ポイント②

　賃金制度に起因する紛争として他に考えられる類型としては、同等の労働に従事している労働者間で支給される賃金に差異がある場合に、違法な賃金差別に該当するとして紛争が生じるケースです。

　今までの裁判例では、同じ価値の職務に従事しているのに男女差

3　就業規則の変更に伴い、年功的賃金制度から成果主義的賃金制度に変更されたことによって降格・減給となったのは不当として、労働者が降格前の地位の確認と減額分の支払いを求めたという事案。

4　実際の運用の場面で、どの従業員についても人事評価の結果次第で昇格も降格もあり、自己研鑽による職務遂行能力等の向上により昇格し、昇給することができるという平等な機会が与えられていることも重要とされています。

5　就業規則の変更によって、賞与及び年功給を廃止し、月例給への一本化及び奨励給の創設を行ったところ、従業員が変更前の賃金との差額を請求した事案。

によって賃金に差異が生じていることを理由として訴訟提起される場合が多かったのですが[6]、職務給は設計上、同じ価値を有する職務であるのに、賃金に差異が生じていることについて、労働者から疑問を呈しやすい制度であることから、男女差に限らず紛争が多く生じる可能性があります。

そうすると、客観的に同一の価値だと認められる職務に対しては同一の賃金を支払うことが求められ、まさに(i)の条件がこれに該当します。

（3）職務給の設計段階の注意点

以上、見てきたように、職務給を採用する目的を達成できる設計内容であること、法的リスクを回避できる設計内容であること、という視点から総括すると、

(i) 企業内の職務の内容・職責が明確に定められ、各職務の価値に対する評価が公正で合理的であること

(ii) 各職務の相互関係において賃金率に均衡が取れていること

という条件を充足する設計内容であることが、非常に重要だと考えます。

そして、各職務の価値に対する評価が公正で合理的である（(i)の要件）というためには、職務の価値評価を行う際の公正かつ客観的な基準や適正な手続きが準備されていなければなりません。このような基準や手続きが定められていないと、使用者により恣意的評価がなされる危険性を孕むことになり、労働者に対する説得性に欠け、何より賃金の平等・公平な配分の実現が困難となってしまいます。

6　日ソ図書事件（東京地判平4年8月27日）、塩野義製薬事件（大阪地判平11年7月28日）

この公正かつ客観的な基準や適正な手続きを定めるために、実際の作業においては、「職務分析」及び「職務評価」が、手続的担保として不可欠となります。

【コラム⑭】「職務給」の適法性を支えるもの

「職能給」では、「同一労働同一賃金」とシンプルに言い切れないことから、「労働者」対「労働者」の待遇格差が問題としてクローズアップされます。

これに対し、「職務給」では、「同一労働同一賃金」とシンプルに言い切れることから、「労働者」対「労働者」の待遇格差は解消されるように見えます。しかし、それに代わって、それぞれの労働者が担当する「職務」対「職務」の賃金格差問題がクローズアップされる可能性があります。「なぜ私の職務より、あなたの職務のほうが会社の評価が高いのか」という形で不満が表れるということです。

図表3−1 職能給と職務給の適法性審査

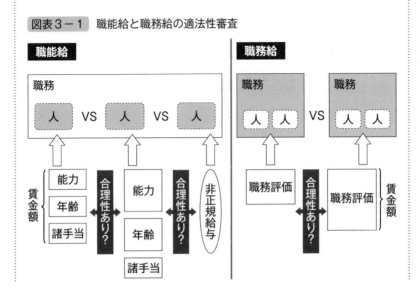

そうなると、「職務給」では、実際の仕事を正確に反映した「職務分析」が行われていることと、平等・公平な「職務評価」が行われることが、不満のない、訴訟リスクや敗訴リスクのない賃金制度というための基本となります。

　では、平等・公平な「職務評価」といえるための判断基準はどう考えればよいのでしょうか。労働市場において職務ごとの賃金相場が定まっていれば、それとの比較で判断が可能です。しかし、残念ながら日本では、同じような仕事をしていても企業によって賃金はまちまちというのが現状です。したがって、平等・公平な「職務評価」といえるための判断基準は、賃金設計や運用において、社内でいかに合理的な理由があり、説得的に説明できるかということによらざるを得ないといえます。ここでは、業務量や責任の重さというのがもちろん要素となり得ますが、最も大事なのは、経営戦略から職務が評価されているといえるのかということだと思います。経営戦略から各職務の評価を説明することが、労働者にとっては最も理解しやすいと思います。

　また、経営戦略は、まさに各企業の裁量で決められるべきものであり、司法は口出しすべきではありません。経営戦略に基づいた人事戦略についても、司法は判断を控えるべきだということになります。したがって、「不合理」だと判断されるリスクは少ないはずです。

（久保原和也）

職務分析、職務評価とはどのようなものですか。

Ａ 職務分析とは、遂行すべき職務の内容や職責を明確にし、他の職務との相違を明らかにすることです。この職務分析によって明確にされた各職務の質的差異及びその相互関係から相対的価値を決定するものが職務評価です。これら職務分析及びそれに続く職務評価の実施を経て、各職務の相対的価値が数値化されて客観的に比較可能となり、その価値の相違に応じた、いわばバランスのとれた賃金率が決定されます。

このような作業を経た結果、(i)各職務の内容・職責が明確に定められており、それらの職務に対する評価が公正で合理的であり、なおかつ(ii)各職務の相互関係において賃金率に均衡が取れている賃金制度を設計することができます。

【解説】

1 職務分析及び職務評価の方法

職務給を設計する際に、職務分析及び職務評価を行わないと、職務価値の客観的基準が存在しないことになるため、担当者の主観で職務の価値が決定されかねず、(i)(ii)の基準を充足できないおそれがあります。また、将来賃金制度に起因した紛争が生じた場合に、労働者に対して説得的な説明をすることが困難となってしまいます。

職務給を採用する上で、職務分析及び職務評価は必要不可欠な手続きです。

職務分析及び職務評価の方法には様々なものがありますが、大切なことは、公正かつ客観的な基準の定立に適う方法を実施することです。各職務の現場を実際に把握していない者のみによって形式的なヒアリングに基づいて職務分析が行われてしまうと、各職務の価値が正しく

反映されない結果となり、労働者の納得感も得られず、各職務の賃金（評価）や職務間の賃金の均衡について紛争となるおそれが生じます。そこで、人事部門だけで職務分析を行うのではなく、各職務の実情について通暁している管理者などを関与させ、各職務の質的差異を正しく把握できるように丁寧なヒアリングを行うことが重要です。

　また各企業の規模、業種及び職務の性質によって適している分析方法も異なるので、どのような分析方法を選択するのかも重要になってきます。

❷ 職務分析及び職務評価の具体例

　職務分析及び職務評価の実施方法については様々なものがありますが、代表的な方法を挙げておきます。

【職務分析の手法】
「プロセス展開表」を利用した職務分析手法
　⇒具体的な内容は第 1 章で説明しています。
【職務評価の手法】
①序列法、②分類法、③点数法、④要素比較法
　などがあります。
　⇒それぞれの内容は第 1 章で説明しています。

---

❸ 裁判例における職務評価の手法

　参考までに、詳細な職務評価に基づく意見書が証拠として提出された裁判例を紹介します。

　京ガス男女賃金差別事件（京都地判平13年 9 月20日）は、女性社員（原告）が、同期入社の男性社員との賃金格差は女性であることを理由とする差別に基づくものだとして、差額賃金相当の損害金や

慰謝料等の支払いを求めた事案です。

　この裁判において、原告は、同一価値労働同一賃金の原則の観点から、原告の職務と同期入社の男性社員の職務について職務分析及び職務評価を行った結果を意見書として提出しました（森ますみ『京ガス男女賃金差別事件に関する意見書』）。当該意見書では、海外のペイ・エクイティ法を参照した職務評価ファクターによって職務を点数化し、原告及び同期男性社員の職務評価を行いました。その際に採用された職務評価の手順の概要は、以下の通りです。

【職務評価の手順の概要】

第1段階　職務評価委員会の設立と準備的作業

・使用者及び事業所の特定

・ペイ・エクイティプランの数の選定

・コミュニケーションの方法を考える

・比較対象の特定（男性職と女性職の定義）

第2段階　職務比較

・性に中立な職務評価システムの選定

　①職務評価のためのファクターとサブファクターの選択
　　（1知能・技能、2責任、3精神的・身体的な負担と疲労度、4労働環境の4ファクターの採用。サブファクターは個々の職務に応じて採用）

　②ファクターとサブファクターの水準の定義

　③ファクターとサブファクターのウェイトの決定

　④ウェイトに応じた得点の配分

・職務調査と職務評価の実施

・女性職と男性職の職務価値の比較

第3段階　賃金比較と調整

・同等の職務価値の女性職と男性職の賃金比較

・賃金調整の実施プラン

上記裁判例では、意見書で採用された、１知能・技能、２責任、３精神的・身体的な負担と疲労度、４労働環境等のファクターに基づいた職務評価の結果を踏まえた上で、「原告と訴外Ｐ１（注：同期入社の男性社員）の各職務の遂行の困難さにつき、その（ア）知識・技能（イ）責任（ウ）精神的な負担と疲労度を主な比較項目として検討するのに、証拠（略）を総合すれば、それの困難さにさほどの差はないもの、すなわち、その各職務の価値に格別の差はないものと認めるのが相当である。」と判示し、両者の「賃金格差は、女性であることを理由とする差別によるもの」として、会社側に670万円の支払いを命じました。

　この判決に対しては、原告から提出された意見書が採用され職務の同一価値の立証に成功したと評する見解と、判決文にはそこまでの具体的な分析結果まで示されていないと評する見解がありますが、証拠の筆頭に意見書を挙げていること、意見書で採用されたファクターを比較項目として裁判所も検討していることから、当該意見書を裁判所が十分に検討して判決に及んだことは明らかと思われます。当該意見書でなされた職務評価の手法は、少なくとも裁判例で各職務の価値を公正に評価するものとして検討されたといえ、予防法務の見地からは、職務給の設計においても参考にすべきだと考えます。

【コラム⑮】賃金率の決定～他社の賃金率との妥当な関係～

　職務分析、職務評価後は、これらの職務の構造を、賃金率の構造に置き直していきます。

　欧米の場合は、社会的公正（企業内の少なくとも一定の賃金と外部の賃金との間における適当な関連性）が強く問われるところですが、日本では主に企業内における相対性ということになります。

しかし今後は、同一労働同一賃金が進む過程において、合理的な賃金構造への流れが強まると考えられます。合理的な賃金構造とするための要件は、以下のようになります。

> ①　賃金率が、これに相当する職務に対して他の使用者が支払っている賃金と妥当な関係にあること
> ②　企業内の賃金率は、職務相互間で納得できる関係にあること

　なお、職務評価（点数法）において、職務の構造を賃金構造に置き換えるには、一定の最低賃金の上に、各職務に割り振られた点数値に基づいて決定された賃金量を付け加えます。横軸を評価点数、縦軸をそれに対応する賃金率にしたグラフにすれば、個々の職務の点数を結び合わせた賃金線は上向きの線になります。なお、賃金線には直線式、曲線式、そして段階式があり、正しい賃金線などというものはありません。最終的には労使合意によって決まります。

　この漸増する賃金率は、職務の困難度が大きくなるにつれ、その仕事を遂行するためには高い能力または意志が要求されることを表しています。労働者がより高い資格を獲得して昇進しようとする意欲を一層刺激することになります。

（西村　聡）

Q 12　違法と判断されないためのポイント

　職務給を設計する際には、職務分析・職務評価が不可欠だということは理解しました。巷にはいろいろな職務分析方法があるようですが、職務分析・職務評価を適宜実施しておけば、職務給に基づく賃金に関して労働者から「不当な賃金差別だ」と訴訟を提起された場合でも、裁判上「適法」と認められるのでしょうか。

Ａ　職務分析・職務評価には様々な手法が存在しますが、どの方法を選択して実施するにしても、各職務の実情について通暁している管理者などが関与の上、各職務に関して労働者に対するヒアリングが丁寧になされており、各職務の質的差異を正しく把握できるような手順を踏んでいること、いかなる評価項目・評価基準に基づいて価値を決定したのか、労働者に対して明確に説明できる内容であること、職務評価の結果について労働者が閲覧可能であることを充足すること等が、将来労働者から訴訟を提起された場合に「違法」と判断されないためにも重要と考えます。

【解説】

1　自己流では不十分な場合もある

　職務に対する価値（賃金）を決定する際の対外的評価基準（市場における相場）が存在すれば、企業がその基準に依拠することで、各職務の価値評価について一定の合理性を確保することができます。アメリカ等では、業種別・地域別に基準とされる職務の賃金水準が公表されており、外部労働市場の職務別賃金水準が存在します。

　しかし、日本においては、残念ながらそのような対外的基準が存在しないため、各企業が各自の職務分析・職務評価に基づいて賃金を決定しなければなりません[7]。そのため、どの程度職務分析・職

務評価を実施すれば訴訟リスクに耐え得るのか、不安に感じること
もあるかと思います。

　例えば労働者Aから、「労働者Bと価値的には同じ職務に従事し
ているのに、賃金に著しい格差があるのは違法だ」として損害賠償
請求訴訟が提訴された場合に、裁判上「違法」と判断されないよう
にしなければなりません。

　職務給を設計する際に職務分析・職務評価が不可欠だということ
は認知されつつあるところですが、今後は、どのような職務分析・
職務評価を行ったのかという手続的な面も問題となってくると思わ
れます。企業なりに自己流の職務分析・職務評価を実施しておけば
それで十分というものではないということです。そもそも職務分析・
職務評価は、(i)各職務の内容・職責が明確に定められており、それ
らの職務に対する評価が公正で合理的であり、かつ(ii)各職務の相互
関係において賃金率に均衡が取れている賃金制度にするための手続
的担保として行うわけですから、手続的担保たる実質を伴う内容及
び手順でなければなりません。

② 違法と判断されないためのポイント

　現在、様々な職務分析・職務評価の手法が提唱されていますが、
実際に職務分析・職務評価を行う際には、厚労省「パート・有期労
働ポータルサイト」の職務分析・職務評価サイト、前掲京ガス男女
賃金差別事件（京都地判平13年9月20日）で用いられた職務分析・
職務評価の手法や、専門家が提唱する職務分析・職務評価の手法に

7　業種や労働者数等を考慮して各自適切だと考える方法を用いることになりま
　すが、各企業によって職種は様々であり、職務価値の評価も企業戦略や経営
　理念が反映されるものとなるため、企業ごとにオリジナルな評価方法になる
　と考えられます。営業、企画、広報、研究開発、製造部門等どの職種の価値
　を高く評価するかは、その企業を取り巻く外部環境、今後の事業計画、経営
　戦略等が色濃く反映されるものですので、同業種の企業の真似をして済むも
　のではないということです。

基づいて実施されることが多いと思います。

　その選択した職務分析・職務評価を行うに際し、各職務の実情について通暁している管理者などが関与の上、各職務に関して労働者に対するヒアリングが丁寧になされており、各職務の質的差異を正しく把握できるような手順を踏んでいること、いかなる評価項目・評価基準に基づいて価値を決定したのか、労働者に対して明確に説明できる内容であること、職務評価の結果について労働者が閲覧可能であることを充足すること等が、将来労働者から訴訟を提起された場合に「違法」と判断されないために重要と考えます。

【コラム⑯】厚生労働省「職務分析・職務評価マニュアル」の問題点

1．厚生労働省によるマニュアル

　厚生労働省が平成22年に公表した「職務分析・職務評価マニュアル」は、その後も改訂を繰り返し、「職務評価を用いた基本給の点検・検討マニュアル」及び「職務分析実施マニュアル」になっています。

　「職務分析実施マニュアル」には、「責任の程度」を判断する要素である「権限（部下の有無、権限の範囲）」「役割の範囲」「トラブル発生時や緊急時の対応」「成果への期待」の４項目について、要素全体として責任の大きさが「著しく異ならない（異なる）」ことを判断する項目は示されているものの、これらを判断する指標は示されていません（森ます美・浅倉むつ子『同一価値労働同一賃金原則の実施システム』、有斐閣）。

　また、「職務評価を用いた基本給の点検・検討マニュアル」の職務評価項目と連動していないため、職務分析と職務評価が切り離された、一貫性に欠ける評価になるおそれがあります。

2．職務説明書の問題点

　これらマニュアルにおいては、職務説明書に基づき職務評価をすることになります。しかし、この職務説明書には、主な業務（課業）とその責任の程度しか書かれていません。このため、このマニュアルに沿って職務評価をしたところで、正確な不合理性判断ができるかどうかは疑問です。

　また、責任の要素だけで職務の同一性を判断することは、「職務は異なる」という結果につながりやすく、もとより非正規雇用労働者に不利な結果となる可能性が高くなるという問題があります。

3．評価項目の問題点

　「職務評価を用いた基本給の点検・検討マニュアル」の職務評価項目となっている、「人材代替性」についても同様のことがいえます。職務の困難度ではなく、採用や配置転換などによる人材確保の難しさが問われているなど、そもそも採用形態を評価項目としているところに疑問が残ります。

　他社では通用しない組織内部で長年培ってきたスキル、能力が求められる職務（エキスパート）を、「代替性が低い（替えがきかない）」と評価するならば、単なる年功的な評価に陥ってしまう可能性もあります。標準化していれば簡単に処理できるような仕事を、そういった工夫をせずに漫然と、「あの人しかできない、あの人しかわからない」としてエキスパート（専任）職としている企業も多いのが実状です。これを踏まえると、やはりこの評価項目は不適当です。いずれにしても、職務内容ではなく、正規雇用労働者を優位とする、あるいはその地位を確保するための意図的な評価項目として作用する可能性があることから、同一労働同一賃金の原則に照らせば不合理といえま

す。

　また、「専門性」という評価項目も、知識、特殊なスキル、技能の程度が問われていますが、特に、「特殊なスキル」が具体的に何を示すのかについて明確にされない以上、主観的、年功的な評価にならざるを得ません。

　その他の評価項目についても、国際的、歴史的に確立している職務評価の４大ファクター（「知識・技能」「負担」「責任」「労働環境」）とは異なっています。特に生産など現場労働者の評価が非常に難しく、これら評価項目の定義及び評価スケールの曖昧さを考えると、これで不合理性が判断できるかどうか、非常に疑問です。

（西村　聡）

【コラム⑰】職務分析と紛争解決

　アメリカにおいて職務分析は、雇用に関する人的資源管理の基礎となっています。そして職務分析が、労働生産性の観点だけでなく、雇用に関する法的紛争での大きな助けとなっています。

　アメリカの連邦議会が制定した法律（連邦法）において、明確に職務分析が求められているわけではありません。しかしながら、同一賃金法、障害を持つアメリカ人法などは、職務に関する何らかの体系的な調査なしでは得られないようなレベルでの職務情報を求めています。例えば、これらの法であれば、障害がある求職者に対して職務を遂行するための必須機能を明らかにし、提示することを求めています。

　また、同じくアメリカの雇用機会均等委員会による「従業員の選択手続に関する統一ガイドライン」では、人材選択手続の選定は職務の理解に基づくべきとされており、職務分析（職務

記述書）が必要とされています。

　なお、日本の職業安定法15条（標準職業名等）は、「職業安定主管局長は、職業に関する調査研究の成果等に基づき、職業紹介事業、労働者の募集及び労働者供給事業に共通して使用されるべき標準職業名を定め、職業解説及び職業分類表を作成し、並びにそれらの普及に努めなければならない」としています。この「職業解説」は、「観察と調査とによって職務の内容をなす作業の全体、その職務に課せられた責任、その職務を一人前に遂行するに必要な経験、技能、知識等の精神的肉体的能力のほか、その職務が他のいかなる職務からも区別される要因を明らかにすること」であり、つまり職務分析を指しています。

　そして、裁判において、いかなる職務分析であれば適法と判断されるかについて、日米で立証手法やテクニックは似ていますが、アメリカにおける審理の実質的な密度は日本のはるか先を行きます。アメリカの裁判所では、職務分析によってもたらされる情報の質が問われ、ここに日本との大きな違いがあります。いずれ日本でもこれを保証するための要求が、労働者から出てくることは間違いないでしょう。

（西村　聡）

　職務給を採用する場合、職務の価値が同一であれば、同じ職務に就いている労働者の賃金は必ず同一となるのですか。

Ⓐ　同一等級の職務であっても、実際に労働者が投下する労働の質・量は必ずしも同一ではありません。同一等級の職務においても、各労働者が職務遂行において発揮した能率を含む成果を反映させるべく、賃金額の最高値、中間値、最低値による賃金レンジを設定することが多いと思います。特に、能率性が重視される職種においては、このように職務評価に基づく賃金（職務給）を基礎に、客観的基準を設けた能率を含む成果を賃金に反映させる業績給（付加給）を加味することが、平等・公平な賃金配分の実現に寄与するものと考えられます。

　したがって、職務給に業績給を付加給として加味する場合には、同じ職務に就いている労働者の賃金は、必ずしもまったく同一となるわけではありません。

【解説】

■ 職務給に業績給（付加給）を加味して公平性を高める

　職務給を採用する場合、同じ職務に就いている労働者の賃金は同一となるのが原則です。しかし、同一等級の職務に就いていても、実際の職場には、漫然と働く労働者もいれば、効率よく働いて他の労働者の何倍もの成果を出す労働者もいます。このように各労働者の業務の成果に差異がある場合に、同一等級の職務に就いているからといって同じ賃金しか得られないとなると、労働者は賃金への納得感が得られず、能率を上げて職務を遂行しようとするモチベーションは上がりません。そして業務の効率化が進まない結果、労働

生産性の向上も果たせないことになります。何より、これでは賃金の平等・公平な配分が実現されているとは到底いえません。

　そこで、同一等級の職務であっても、各労働者が職務遂行において発揮した能率を含む成果を賃金に反映させる業績給（付加給）を職務給に加味して、賃金配分の実質的な公平を図ることが重要となります。特に、能率性が重視される職種においては、職務給を基礎に、客観的基準を設けた業績給（付加給）を取り入れることが求められます。

　京ガス男女賃金差別事件（京都地判平13年9月20日）[8]においては、職務給を前提とした事案ではありませんが、「原告と訴外P1の各職務の価値に格別の差はないものと認めるのが相当ではあるが、賃金の決定の要素は、それだけではなく、その個人の能力、勤務成績等諸般の事情も大きく考慮されるものである」と判示しています。

図表3-1 職務給表《管理職》※職務給に業績給を付加した賃金体系の例

職務等級	ランク	業績評価				
		S	A	B	C	D
EM （エグゼクティブマネージャー）	Ⅰ	980,000	910,000	840,000	770,000	700,000
	Ⅱ	910,000	840,000	770,000	700,000	630,000
	Ⅲ	840,000	770,000	700,000	630,000	560,000
M1 （ゼネラルマネージャー）	Ⅰ	740,000	700,000	660,000	620,000	580,000
	Ⅱ	700,000	660,000	620,000	580,000	540,000
	Ⅲ	660,000	620,000	580,000	540,000	500,000
M2 （チーフマネージャー）	Ⅰ	610,000	580,000	550,000	520,000	490,000
	Ⅱ	580,000	550,000	520,000	490,000	460,000
	Ⅲ	550,000	520,000	490,000	460,000	430,000
M3 （マネージャー）	Ⅰ	500,000	480,000	460,000	440,000	420,000
	Ⅱ	480,000	460,000	440,000	420,000	400,000
	Ⅲ	460,000	440,000	420,000	400,000	380,000

8　本事件の詳細についてはQ11をご覧ください。

【コラム⑱】職務給と業績給（昇給、賞与）

　職務給は、職務の価値に基づき支給される賃金であり、職務を遂行する労働者にはその職務を遂行できる能力があることを前提としています。そして、任命後の能力向上は業績に反映されるとみて、業績に対応（職務を遂行した結果を基準と）して、業績給（昇給、賞与）が支給されることになります。

　ここで重要となるのが、標準作業量、標準時間、標準能率の設定です。業績給は、これら標準作業量、標準時間、標準能率に対する実際の結果を示す相対的能率で決まることになります。したがって、業績給の成否は、これら標準作業量、標準時間、標準能率の設定如何によることになります。職務の質が問われる営業職などでは、作業量や時間、能率の標準設定は困難であり、その分、客観的で体系的な目標を設定する必要があります。なお、業績給決定のために使う業績測定方法で、これこそが１番だといえるものなどはなく、組織的公正を合理的に追及するしかありません。

　しかし、これまでの日本の能力主義管理は、職務概念が未成熟で、標準の設定という概念も極めて主観的である上に、労働者が保有する職務遂行能力及び職務（目標設定含む）と期待される結果が対応していないことも多く見受けられました。その上、客観性の乏しい能力や資質の評価ウェイトが高く、労働者自身の能力レベル以下の目標設定による業績評価によって、結果的に会社業績と連動しない評価結果になっていることも多くあります。これが業績給の公正性を非常に低下させる要因になっています。

（西村　聡）

【コラム⑲】歩合給について

1．職務給と歩合給

　職務給は、従事する職務の価値に応じて賃金が決定されることが明確であるため、より価値の高い職務に就くことでより高額の賃金を得ようとする動機が労働者に生じやすく、労働意欲を増進させる賃金体系といえますが、同じように労働意欲を増進させる賃金体系に歩合給があります。

　歩合給とは、業績や成績等の一定の成果に応じて賃金額が変動する制度をいいます。簡単にいえば、働いた者が働いた分だけの賃金を得るというもので、賃金と労働の成果が対応している極めてシンプルな賃金制度です。歩合給は、賃金の不公平さを排除できる賃金制度の一つだといえます[9]。

　歩合給は、成果次第で賃金を多く獲得できるため、労働者のモチベーションを高く維持することが可能となり、実際に長距離トラックの運転手や保険の外交員等の賃金制度に多く採用されています。

2．歩合給採用時の注意点

　しかし、歩合給を実際に採用する場合にはいくつかの注意点があります。

9　国際労働機関（ILO）「男女同一労働同一賃金」（国際労働局・同局日本駐在員編譯、1949年）においても、「出来高払いの賃金率は、男女何れの労働者に対しても、同一の時間賃金率を基礎とし、この時間賃金率に対する同一の男女双方の労働者に対して定められるのであって、割増率によって決められ、また時間賃金率以外の基礎によって出来高賃金率を決める場合でも従事しているのが男子であろうと女子であろうと同じ賃金率になるのである。」と記されています。

（1）完全歩合給制は違法

　労働基準法上、完全な歩合給制度に基づいて賃金を支払うことは禁止されています。労働基準法27条において「出来高払制その他の請負制で使用する労働者に対しては、使用者は、労働時間に応じ一定額の賃金の保障をしなければならない」と定められており、労働者がまったく成果を出せなかった場合でも、労働者の労働時間に応じて一定額の賃金の保障を支払う義務が生じます。保障額について法の定めはありませんが、通達[10]で「常に通常の実収賃金を余りへだたらない程度の収入が保障されるように保障給の額を定めるように指導すること。」と示されていることから、労働基準法26条の休業手当額である平均賃金の6割程度の保障額が目安とされています。

　また、労働者には最低賃金法により1時間当たりの最低賃金が保障されていることから、出来高払制その他の請負制によって計算された賃金の総額を、当該賃金計算期間に出来高払制その他の請負制によって労働した総労働時間数で除して時間当たりの金額に換算した結果、最低賃金額（時間額）に満たない場合には、その差額を支払わなければなりません。

　なお、タクシー運転者については、労働時間に応じ、固定的給与と併せて通常の賃金[11]の6割以上の賃金が保障されるよう定める必要があります（厚生労働省平元年3月1日基発93号）。

　このように完全歩合給制が違法であることから、固定給＋歩合給という形式で取り入れられていますが、固定給の部分を職務給とすることで、より一層労働者に労働意欲を増進させる賃金制度とすることが可能です。

10　昭22年9月13日基発17号・昭63年3月14日基発150号
11　通常の賃金＝（過去3か月の賃金総額／当該期間の総労働時間）

（2）歩合給制度でも残業代の支払義務は生じる

　歩合給制度では、頑張れば頑張るだけ賃金に反映されることから、長時間勤務となりがちです。歩合給を採用していても、労働者が法定残業時間を超えて労働した場合には、企業は残業代を支払う必要があります。固定給の中に残業代が含まれていると説明する企業も散見されますが、このような固定残業代制度が有効と認められるには一定の条件を充足する必要があります（詳細は、Q20**3**を参照）。

（伊藤洋実）

職務給を採用する場合、職務記述書の作成は必要ですか。

A 職務記述書は、法律上作成が義務付けられているものではありません。

　もっとも、職務給を採用する場合には、各職務が賃金の具体的金額に直結するため、労働者が自身の職務内容や職責等を正しく認識した上で職務を遂行することが前提となります。労働者にこれらを明示するものが職務記述書であり、法的にも重要な役割を果たします。

【解説】

1 職務記述書の意義

　職務記述書とは、各職務の業務内容（作業内容、職種、手順、責任、執務時間、作業量、作業環境）、難易度、作業遂行に必要な資格や要件などがまとめられた書面をいいます。欧米においては、通常は雇用契約時など、職務に従事する際に労働者に対して提示されます。

　職務給では職務が賃金の具体的金額に直結するため、職務の内容・職責が明確に定められ、労働者が当該職務の内容・職責を正しく認識した上で職務を遂行する必要があります。そこで、各職務の内容・職責についての情報を正しく提供することが法的にも重要な意味をもちます。

　さらには上記の意義にとどまらず、職務記述書は、業績管理、目標管理の運用の基盤にもなるものです。労働者にとっては、職務記述書によって自身が果たすべき職務内容及び職責が明確に把握でき、効率よく業務を遂行するモチベーションの上昇につながります。使用者にとっても、職務記述書に基づき労働者一人ひとりの業務を

適切に把握・管理することで労働生産性を向上させることが可能となり、同時に客観的な業績評価が可能となるため労務管理の負担軽減が期待できます。

2 注意点と書式例

　なお、経営環境に対応して各職務への期待内容も変化するため、変化に応じて職務記述書の改定を行わないと、職務に対する評価に歪みが生じ、賃金規程の合理性に問題が生じ得ることに注意を要します。

　職務記述書の書式については、企業や業種によって様々なものが考えられますが、次頁に一例を挙げます。

図表3－2　職務記述書（画像処理職 J2級）

単位業務名	職務行動	結果責任
データ確認業務	顧客要求事項（指示書・分色原稿 等）の内容を把握する	① 自工程で不良を発生させないこと ② 標準時間で作業すること
	原稿内容を適切に判断し、製版データを作成する	
	製版方式による印刷特性を考慮したデータ作成をする	
	指示書記載事項の不備について判断し、営業に確認する	
前処理業務（柄割付・アクセサリー付け等）	変則割付など複雑な割付・高度なエンドレスなどを処理する	
ニゲ処理	最終的な製品をイメージしながら複雑なニゲ処理をする （複雑とは、色数・柄などが多く、掛け合わせ・柄の重なりなども多く、グラデーションやパターンなどを多様に使用しているもの）	
版下作製業務	デザイン文字・書き文字・筆文字を作成する	
	複雑な原稿でも刷見本からスキャニングしトレースする	
	ニゲ処理を考慮しながら版下・デザインを作成する	
校正物の作成、青焼き業務	顧客と業務上の内容（原稿内容等）について打合せをする	
色校正業務	刷見本とのカラー差異がわかり、ブルーフと比較し校正する	
工程内検査業務	下位等級者が編集作業を行った原稿を検品・評価する	
	製版方式に応じたデータが作成されているかを確認する	
設備管理業務	担当機材トラブルに対して適切に判断し、処理する	設備の不具合によって、生産停止や不良（ロス）が発生しないこと
	周辺機器（設備）の基礎的なメンテナンスをする	
在庫管理業務	担当資材の在庫を確認し、発注、適正な管理をする	決められた適正在庫を維持すること
調整業務	他工場及び他部署と業務上必要な対話をする	全体最適の視点で効率を高めること
外注管理業務	納入業者・機器・機械メーカーと円滑に交渉を進める	社外起因での品質不良を排除すること
	担当職務の外注業者（版下等）と納期等の折衝をする	
指導監督業務	簡単な機器及び操作マニュアル等を作成できる	① 下位者及び非正規雇用労働者が起因の品質不良を起こさないこと ② 下位者及び非正規雇用労働者の作業効率を維持、高めること
	部署内優先作業を的確に判断する	
	営業指示を的確に理解し、版下（デザイン）作成または外注依頼する	
	自部署起因の全不適合に至る原因を追及する	
改善業務	部署内作業閑散時の有効活用を企画提案する	監督者と共同で自工程の生産性を高めること
	自部署内の作業改善（ミス・効率）策を提案する	
	部署内の5S（3S＋清潔・躾）を徹底する	

単位業務名	職務行動	結果責任
業務知識	部署内全出力機の機構と機能をある程度把握した上で使用できる知識	
	分解機器操作とある程度のカラー（編集）処理ができる知識	
	簡単な分色作業・版下作業の両方作業ができる基礎知識	
	製版方式の違いによる印刷状態に関する基礎知識	
	フォントに関する知識を有している（版下）	
	デザインの基礎知識があり、簡単な作成技能がある（版下）	
	ソフトの機能・特性やソフト間の互換性に関する知識	

単位業務名	職務行動	結果責任
遂行要件	専門学校卒業及び同じ程度の教育水準 画像処理業務経験10年以上 印刷・製版の専門的知識を有していること	

【コラム⑳】職務記述書に対する誤解と問題

職務分析は、職務について調べ、理解するプロセスであって、それからレポートやサマリーが出てきます。一般的な職務記述書は、職務分析の過程でわかったことを簡略に記述したサマリーです。

「欧米でも細かい職務分析は行われておらず、職務記述書は曖昧でいい」とまことしやかに囁かれていますが、このような誤解の背景には、欧米企業だけではなく日本の優良企業の現場でも職務分析が活用され、「業務マニュアル」や「作業手順（標準）書」がきっちり整備されていることへの理解のなさがあるのでしょう。職務記述書は、この現場の「業務マニュアル」や「作業手順書」の単なるサマリーであり、本来、「職務記述書」のためにわざわざ職務分析を行うことはないのです。

つまり、職務分析を人事管理面からのみ捉えることは、誤った理解につながります。職務分析は、経営活動の基礎を構築する重要なものであることを認識することが必要です。

また、ホワイトカラーの職務記述書についても誤解されています。アメリカには、管理職のポジション記述書があります。このポジションとは、組織の中で1人の人間が行うものを指しており、欧米におけるポジション記述書が示すのは、その1人の人がその職務を遂行するための具体的な記述となります。つまり、このポジション記述書は、特定の管理（職）ポジションについて、そのポジションに就いている者に期待されるところを伝えるツールとして活用されています。しかし、管理職という職務特性から、当然、ブルーカラーの職務記述書のように作業手順を示したような細かな職務記述書にはなりません。

ただ、これを捉えて職務記述書はすべての職務で曖昧であるという話にしてしまうのは、先のサマリーであるという話とは

異質な間違いといえ、職務記述書への理解を一層妨げ、混乱させてしまっています。

　業務マニュアル、作業手順書あるいは作業標準書、職務記述書、そして職位（ポジション）記述書の区分について、及び<u>職務分析にも作業や動作を対象として分析する「オペレーションの職務分析」と「人事管理上の職務分析」がある</u>ことをしっかり理解しておくことが大切です。

　なお、本書で解説している職務記述書は、参考例（図表3－2）にあるような、前者の職務分析によって作成された詳細な職務内容と、これに求められる遂行要件を記したものを指します。

※下線部は、西村聡『同一労働同一賃金を実現する職務分析・職務評価と賃金の決め方』（日本法令）第1章第Ⅱ節参照

（西村　聡）

Q15 労働組合の協力と労働者への説明

　職務給の設計段階で労働組合の協力を得ることは必要ですか。また、職務給の設計段階で、労働者に説明を行ったほうがよいのでしょうか。

Ⓐ【労働組合の協力について】

　職務給の設計段階で労働組合の協力を得ることは、法的に義務付けられているものではありません。

　しかし、賃金設計段階において、労働組合や正規・非正規雇用労働者全体を対象とするヒアリングを行い、生産的な話合いの機会を持つことは、より各職務の実態に即した職務給設計を可能とします。

　また、就業規則の変更によって職務給を導入する場合には、労働組合への働きかけは「合理性」（労働契約法10条）基準を充足する上で重要な意味を持ち、将来の紛争防止の点からも有益です。

　さらには、労働協約の締結によって職務給を導入し得る可能性も生じます。

【労働者に対する説明について】

　賃金についての条件は労働者にとって重大な関心事ですから、どのような理由で賃金制度を変更するのかを丁寧に説明し合意形成を行っていくことが、労使間の信頼関係を損なわず、円滑に新制度に移行するために必要不可欠です。

【解説】

1 訴訟時には労使間の交渉が重要視される

　賃金制度など労働条件をどのように設計するかは、企業の経営戦略や人事制度のあり方とも関連し、各企業の自由裁量に委ねられていますが、労働条件について訴訟に発展した場合、裁判所は労使間の交渉も重要視する傾向があります。

判例においても「労働条件が均衡のとれたものであるか否かの判断に当たっては、労使間の交渉や使用者の経営判断を尊重すべき面があることも否定し難い。」(ハマキョウレックス事件(最判平30年6月1日))、「労働者の賃金に関する労働条件の在り方については、基本的には、団体交渉等による労使自治に委ねられるべき部分が大きい」(長澤運輸事件(最判平30年6月1日))と判示されています。

2 労働組合の協力を得ることの意義

職務給の設計段階で労働組合の協力を得ることは、実際に業務を遂行する労働者の視点を賃金設計に反映させることにもつながります。その結果、労働者の賃金制度に対する理解も得られやすくなり、後の紛争の可能性を低減することが期待できます。

職務給の設計段階から労働組合の協力を得て理解が得られた場合には、職能給から職務給への変更手続として労働協約の締結が容易になる可能性があります。労働協約の締結による手続きで職務給への移行ができた場合、仮に労働協約に定めた賃金内容が従前より労働者に不利益な内容であっても、原則として組合員に対する拘束力を有することになります(労働組合法16条)[12]。

一方、職能給から職務給への変更が就業規則を変更する手続きによってなされた場合には、当該変更によって労働者に不利益が生じたとして、後に当該変更が無効であるという訴えを提起されることがあり得ます。その場合、職務給への変更は無効ではないというためには、「合理性」(労働契約法10条)が認められる必要がありますが、「労働組合等との交渉の状況」は、この「合理性」の判断要素となっているため、実際にその適用を受ける労働者の意見や利益を適切に反映させながら制度を設計した事実は、この際の判断にも大きく寄与するものとなります。

---

12 労働協約による職務給の導入手続の詳細については第4章をご覧ください。

例えば、就業規則の変更によって成果主義型賃金制度を導入した結果、賃金が減額されたのは不当として、労働者が減額分の支払いを求めた事件[13]において、裁判所は、旧賃金制度より新賃金制度における賃金のほうが減額となりその減額幅は年々拡大すること、賃金減額の不利益を解消する代償措置が取られていないことに加え、労働者ないし労働組合に対する説明や交渉が十分されていないことを指摘した上で、当該変更の合理性を否定しました。

　他方、就業規則の変更によって、55歳から60歳へ定年が延長されるとともに55歳以降の労働条件が実質的に不利益に変更された事件[14]において、裁判所は「本件就業規則の変更は、行員の約九〇パーセントで組織されている組合（略）との交渉、合意を経て労働協約を締結した上で行われたものであるから、変更後の就業規則の内容は労使間の利益調整がされた結果としての合理的なものであると一応推測することができ」ると判示しました。

　このように、裁判所は、合理性の判断の要素の一つとして労働組合等との交渉の状況を特に重視しています。したがって、職務給設計の段階から労働組合の協力を得ることは法的にも重要といえます。

❸ 労働者の抵抗感を拭うためにも説明を尽くす

　また、賃金は労働条件の中でも最も重要な要素であり、労働者の経済生活に重大な影響を与えるものですから、変更の経緯、趣旨及び内容等を示すことなく一方的に変更することは労働者に強い抵抗感を与えることになり、新賃金制度の円滑な運用に支障が生じ得ます。そこで、労働者説明会等を開催して、全労働者に対して賃金制度に関する使用者の理念や制度趣旨、制度の説明を尽くし、合意形成を行っていくことが重要です。

13　社会福祉法人賛育会事件（東京高判平22年10月19日）
14　第四銀行事件（最判平9年2月28日）

Q16 年齢給・勤続給との関係

職務給と年齢給・勤続給の関係について、
① 新しく会社を設立する場合に年齢給や勤続給を採用せず、職務給のみを定める場合
② 年齢給・勤続給を採用していた企業が、就業規則の変更により従来の制度に加えて職務給も導入する場合
③ 年齢給・勤続給を採用していた企業が、就業規則の変更によって従来の制度を廃止し職務給を導入する場合
各々の注意点を教えてください。

A どのような賃金制度を採用するかについては、各企業の志向する人事制度設計が色濃く反映されるところであり、原則として企業の裁量に委ねられています。

したがって、①新しく会社を設立する場合に年齢給や勤続給を定めず、職務給のみを定めても法的に問題はありません。

もっとも、②③のように、就業規則の変更によって賃金制度を変更する場合、労働者にとって賃金額の減少を生じさせ得るため、労働条件の不利益変更に該当し、労働契約法10条「合理性」基準を充足しなければ無効となることに注意が必要です（なお、職務基準の賃金体系からは、職務に関連のない年齢給や勤続給は不合理と考えられるため、年齢給・勤続給と職務給を併用する②の方法については、賃金制度全体の合理性という点から慎重に検討されるべきです）。

【解説】

1 ①の場合

（1）注意点

　どのような賃金制度を採用するかは、各企業の人事制度における裁量として、原則として自由に定めることが可能です。

　したがって、年齢給や勤続給を定めることなく、職務給一本で賃金制度を設計すること自体に法的問題は生じません。

（2）職務給が選択される背景

　年齢給や勤続給は、経済成長時代には多くの企業によって採用されていた賃金制度です。年齢給も勤続給も主として賃金が毎年上昇するという安心感を労働者に与える点で存在意義がありました。

　しかし、90年代以降、高度経済成長が終焉し技術革新が急速に進展するなかで、年齢に伴う経験や勤続年数は必ずしも職務遂行能力の高さを反映するものではなくなりました。また労働者の高齢化が進み、年齢給や勤続給などの賃金制度が企業にとって重い負担であると認識されるに至りました。

　そこで、人件費のコスト高や優秀な人材の獲得難を踏まえた人事戦略として、職務給の採用が注目を浴びるようになってきました。

　また、令和2年6月から施行された働き方改革の一環である労働施策総合推進法3条2項は、基本的理念として「労働者は、職務の内容及び職務に必要な能力、経験その他の職務遂行上必要な事項（以下この項において「能力等」という）の内容が明らかにされ、並びにこれらに即した評価方法により能力等を公正に評価され、当該評価に基づく処遇を受けることその他の適切な処遇を確保するための措置が効果的に実施されることにより、その職業の安定が図られるように配慮されるものとする。」と定め、同法4条1項1号は、国

の施策として、係る基本的理念に従って「各人が生活との調和を保ちつつその意欲及び能力に応じて就業することを促進するため、労働時間の短縮その他の労働条件の改善、多様な就業形態の普及及び雇用形態又は就業形態の異なる労働者の間の均衡のとれた待遇の確保に関する施策を充実すること。」に総合的に取り組まなければならない、と定めています。

このような条項の内容からすれば、政府の意向も、従来の年齢給や勤続給の賃金体系から職務給を主とする賃金体系への変更を推進する方向にあるとも考えられます。

民間企業においても、数年前から大企業が競争力強化のため次々と、職務給やこれと基本的な考え方を同じくする各賃金制度を採用しています。

２ ②、③の場合

（１）注意点

②、③の場合に法的に注意すべき点ですが、就業規則の変更によって賃金制度を変更した結果、従前より賃金が減額となる労働者が生じる可能性があります。そうすると、就業規則の不利益変更に該当し、労働契約法10条の合理性基準を充足する必要があります。具体的には、調整給や経過措置の採用など不利益を緩和する措置を講ずることになります。

（２）各企業に適した賃金制度を慎重に判断する

前述のように、今後は職務給の採用を検討する企業が多くなっていくと思われますが、現行の年功的賃金制度から成果主義的要素を有する職務給をどの程度のウェイトで導入していくかを検討する際には、賃金体系全体の合理性に注意しつつ、企業の社風・文化や経

営方針によって慎重に判断されるべきです。

　職務に関連のない年齢給や勤続給は、職務基準の賃金体系からは不合理ですし、平等・公平の理念からも問題があると思われますが、他方で、職務給がどの企業にとっても最善の賃金制度というわけではなく、企業文化や経営理念によっては、年齢給や勤続給が妥当な場合もあるかもしれません。例えば、労働者各人の能率性がそれほど期待されない業種や保守的な社風の企業では、年齢給や勤続給が依然として存在意義を有することもあります。

　そこで、各企業における社風・文化や業種等に基づいた経営戦略として、現行の年齢給や勤続給から職務給に変更することが最適であるのかを、各々の賃金制度のメリット・デメリットを慎重に分析した上で決定すべきです。

　大切なのは、各企業の社風・文化、今後の経営戦略等に適した賃金制度は何か、という視点から判断することです。

【コラム㉑】年齢給、勤続給について

1．従来型の日本の賃金体系

　日本の賃金体系では、基準内賃金は、属人給である年齢給（あるいは基礎給）、勤続給と職能給で決まる本給、そして職務関連手当と生活関連手当で決まるのが従来の典型でした。

　職種間でのジョブ・ローテーションを当たり前に実施している日本の本給は、職能給で設計されることが多く、各種手当で格差をつけることになります。例えば、職種あるいは職務内容の違いについては役職手当、危険な作業など特定の作業については職務関連手当、業績貢献度については業績給（手当）といった具合です。

２．年齢給

　なお、年齢給は、労働者の年齢に応じて支給され、その目的は扶養家族数を考慮した最低生活の保障にありました。もっとも、家族手当が支給される場合は、本人に対する保障に限定するものとされています。また、もともとは戦後の経済混乱に伴うインフレーションに対処するためのものだったため、初任給を含む賃金水準の上昇によって十分な生計費が確保されている現状を考えれば、職務内容や貢献度に関係なく年齢差によって発生する賃金格差は、若年労働者の不平につながる以前に、基本的には年齢差別要素でもあることから、今後は廃止される方向にあります。

　実際、ドイツにおいて協約賃金（能率給）は最低賃金となっており、ここから成果に応じ付加給が支給されます。そのことを考えれば、既に標準世帯における最低生計費が保障された初任給の額であるならば、年齢給は不要であり、職務給のみでの設計が可能となります。

３．勤続給

　勤続給は、①職務に対する習熟度や②企業に対する功労報償の意味がありますが、後者の場合は職務とは関係ないため、賃金を職務基準とする場合は不合理となります。また、前者の場合も、職務基準の賃金では本給（職務給）に統合されることになります。

（西村　聡）

【コラム㉒】職能給と職務給の併存型基本給の矛盾

職能給は、労働者が持つ潜在能力を含む保有能力（職務遂行能力）の価値に基づき支給される賃金であり、職務給は労働者が遂行する職務の価値に基づき支給される賃金です。併存型の場合は、このまったく異なる価値基準で評価された賃金が基本給として支給されることになります。

ただ、日本では明確な職務管理ができていないことから、能力は高いが易しい職務に就いている、あるいは能力に相応しくない難しい職務に就いていることが少なからず起こっています。

この状況で、職能給は能力に応じ、職務給は職務に応じて支払われることになれば、能力以下の職務（給）に就いている者はこれに不満を抱き、相応しいポスト、ポジションを求めることになります。逆に、能力以上の職務（給）に就いている者は、高い職務給を黙って享受し、いずれ職責を全うする意思すら忘れてしまうかもしれません。

また、非管理職層は職能給で、管理職になれば職務給にする制度についても、同様のことが非管理職時代に生じています。

このような基本給のあり方は、職務に対する矛盾を引き起こし、職責を希薄にさせてしまうことになります。この基本給の一部である職能給が、年功的に運用されたならば尚更です。一見、併存型基本給は都合のよい賃金形態かもしれませんが、これが抱える理論的矛盾と労働者への副作用には注意が必要です。賃金の原則を何に置くか、賃金体系において大きなウェイトを持つ基本給は、労働者の職務のあり方（労働観）にまで影響を与えることをよく認識しておくべきです。また、これからの多様な働き方を前提とするならば、できるだけ職務給のようなシンプルな人事管理を基礎にしていくことが重要となってきます。

（西村　聡）

Q17　職務関連手当

職務給を採用する際に、職務関連手当は設定しなくてもよい
のですか。

A　職務給を採用する場合、役職手当、特殊作業手当及び特殊勤務
手当といった職務に関連する手当は、設定しないのが一般的です。

【解説】

■ 職務給と職務関連手当

職務関連手当とは、一定の職務内容の対価として支給される手当
をいいます。職務関連手当には、役職手当、特殊作業手当及び特殊
勤務手当等があります。

役職手当とは、部長、課長といった会社内の職位に対応する手当
です。

特殊作業手当とは、業務の危険度または作業環境に応じて支給さ
れる手当をいいます。

特殊勤務手当とは、一般に交代制などの特殊な勤務形態に応じて
支給される手当をいいます。

このような特別ないし特殊な職務についての対価は、各労働者が
担当する職務内容・責任に対する評価であるため、手当として設定
するのではなく職務給の基本給の構成要素として、基本給に含まれ
ることになります。

そのため、職務給を採用する場合、職務関連手当を設定しないの
が一般的です。

Q18　生活関連手当

新しく会社を設立する際に職務給を採用するのですが、生活関連手当を設定しなくても問題はないのですか。

Ⓐ　家族手当、通勤手当、別居手当、子女教育手当、住宅手当といった生活関連手当は、企業が任意で支給するものであるため、設定しなくても法的に問題はありません。

　なお、時間外手当、休日出勤手当、深夜労働手当は、労働基準法37条で割増賃金として法的に支払いが義務付けられていますので、設定しなければなりません。

【解説】

1 生活関連手当とは

　生活関連手当の代表的なものに、家族手当、通勤手当、別居手当、子女教育手当、住宅手当などがあります。手当の目的は企業によって様々ですが、一般的な目的は次の通りです。

　家族手当とは、配偶者や子供など扶養家族を持つ労働者の生活費を補助するために、企業から支給されるものです。

　通勤手当とは、労働者の通勤に要する実費あるいは通勤距離に応じて労働者に支給されるものです。

　別居手当とは、勤務の都合により、同一世帯の扶養家族と別居を余儀なくされる労働者に対して、別居による生活費の増加を補うために企業から支給されるものです。

　子女教育手当とは、労働者の子女の教育費の援助のために支給されるものです。

　住宅手当とは、労働者の住宅に要する費用を補助する趣旨で支給されるものです。

2 設定しなくても法的な問題はない

　このような生活関連手当は、従来、会社への帰属意識や生活の安心感を高めるなどの人事政策の観点から、基本給だけでは十分ではないと考えられる場合に、労働者の生活を支援する目的で支給されていました。

　また、上記の生活関連手当（家族手当、通勤手当、別居手当、子女教育手当、住宅手当）は、残業代を計算する際の基礎となる賃金を算定する際に、算定の基礎となる賃金から除外される（労働基準法37条5項、同法施行規則21条本文・1号〜3号）ことから、支給される賃金の総額は同じであっても、基本給をなるべく低く設定しつつ諸手当の名目で賃金を支給することで、残業代が高額に膨らむことを回避する目的で支給されることもあるようです。

　もっとも、そもそも生活関連手当は、労働の対価でなく法律上は設定の義務はありませんから、手当を設定しなくても法的に問題は生じません。

　なお、上記の生活関連手当とは異なり、時間外手当、休日出勤手当、深夜労働手当は、労働基準法37条で割増賃金として支払いが義務付けられているものです。

【コラム㉓】職務給体系における諸手当の扱い

　配偶者手当・子供手当・住宅手当・地域手当などが支給されているドイツは例外として（ドイツは社会福祉政策としても住宅手当や児童手当が充実しています）、欧米では基本的にはこういった手当は支給されず、職務給（本給）のみの支給が一般的です。

　一方、日本では企業が各種手当を福利厚生として提供してきた歴史が長く、民間企業の社会福祉的な貢献が大きかったといえます。しかし、このような手当は、労働の対価でない上に、その制度化も法的な拘束力がないことで、企業間格差を大きくしてしまう傾向にあります。つまり、正規雇用労働者と非正規雇用労働者の格差が是正されたとしても、大企業と中小企業、正規雇用労働者同士の間にある職務価値に無関係な格差は、厳然として存在することになります。

　もっとも、同一労働同一賃金ガイドラインによる手当の個別判断において、今後は職務関連の手当以外は雇用形態に関係なくほぼ支給する方向になってくることが予想され、手当の本給への統合あるいは手当の廃止が一層進むものと考えられます。

（西村　聡）

Q19 職務給における生活関連手当

基本給を職能給から職務給に変更する際に、生活関連手当はどのように定めるべきでしょうか。

Ⓐ　賃金設計上、家族手当、通勤手当、別居手当、子女教育手当、住宅手当といった生活関連手当の設定は、法的に義務付けられてはいません。賃金制度を職能給から職務給に変更する際に、生活関連手当をどのように定めるのか、あるいは廃止するかについては、原則として企業の裁量に委ねられています。

諸手当を廃止することも可能ではありますが、諸手当を廃止することにより労働者の賃金総額が従前より減少する場合には、労働者にとって不利益変更に該当し、労働契約法10条の合理性基準を充足しなければ無効となるため注意が必要です。

他方で、諸手当を存続させる場合には、厚労省から示されている「同一労働同一賃金ガイドライン」に配慮し、諸手当に関する裁判例に抵触しないように注意しなければなりません。

【解説】

1 設定は原則として企業の裁量

生活関連手当の設定は法的に義務付けられておらず、原則として企業の裁量に委ねられています。そのため、諸手当をどのように定めるかは、各企業の理念や経営方針が反映されるところでもあるため、各手当の意義・目的と効果を個別に検討して存廃を検討することになります。

2 生活関連手当を廃止する場合

厚労省の「同一労働同一賃金ガイドライン」や最高裁における手

当の個別判断に則して、職務に関連した手当以外は雇用形態に関係なく支給される方向に進むと思われることから、今後は諸手当の本給への統合または手当の廃止が進むともいわれています。職務給が、職務の価値に対して賃金を支払うという考えに基づくものであることからすると、職能給から職務給への変更に際し、職務に関係のない生活関連手当の支給について廃止することも検討の余地はあると思われます。

実際に、正規雇用労働者の生活関連手当の削減や廃止を実施することで「同一労働同一賃金」を実現する企業が増えてきています。例えば、日本郵政グループは、平成30年、正規雇用労働者のうち転勤のない一般職に支給していた住宅手当（非正規雇用労働者には不支給）について廃止することを決定し、10年をかけて段階的に引き下げる（毎年10％ずつ逓減）経過措置を設けました。また、平成13年に役割給制度を導入したキヤノンも諸手当を廃止しています。

なお、諸手当を廃止することにより労働者の賃金総額が従前より減少する場合には、労働者にとって不利益変更に該当し、労働契約法10条の合理性基準を充足しなければ無効となるため注意が必要です。

3 生活関連手当を存続させる場合

生活関連手当を存続させる場合に注意する点について説明します。令和3年4月1日に中小企業への施行が始まった厚生労働省の「同一労働同一賃金ガイドライン」において、正規雇用労働者と非正規雇用労働者の間の不合理な待遇に対する指針が示されています。また、最高裁においても、正規雇用労働者と非正規雇用労働者の間の各手当の支給における待遇差について判断がなされています。そこで、職務給を前提としても、生活関連手当を存続させる場合には、これらの指針や判断に配慮した上で、諸手当の存続を検討しなければなりません。

【コラム㉔】生活関連手当の支給に関する注意点

1．食事手当

（1）同一労働同一賃金ガイドライン
　次のように指針が示されています。

　短時間・有期雇用労働者にも、通常の労働者と同一の食事手当を支給しなければならない。

問題とならない例
　A社においては、その労働時間の途中に昼食のための休憩時間がある通常の労働者であるXに支給している食事手当を、その労働時間の途中に昼食のための休憩時間がない（例えば、午後2時から午後5時までの勤務）短時間労働者であるYには支給していない。

問題となる例
　A社においては、通常の労働者であるXには、有期雇用労働者であるYに比べ、食事手当を高く支給している。

　このように、ガイドラインによれば、パートタイム・有期雇用労働者の勤務時間が昼食のための休憩時間を伴う場合には、正規雇用労働者と同額の食事手当を支給することが必要になります。

（2）判　例
　正社員に給食手当が支給され、有期契約社員には支給されないことが旧労働契約法20条[15]で禁止される不合理な労働条件に該当するかが争われた事件[16]において、裁判所は、「給食手当は、従業員の食事に係る補助として支給されるものであるから、勤

務時間中に食事を取ることを要する労働者に対して支給することがその趣旨にかなうものである。しかるに、（略）契約社員と正社員の職務の内容は異ならない上、勤務形態に違いがあるなどといった事情はうかがわれない。また、職務の内容及び配置の変更の範囲が異なることは、勤務時間中に食事を取ることの必要性やその程度とは関係がない。」として「乗務員のうち正社員に対して上記の給食手当を支給する一方で、契約社員に対してこれを支給しないという労働条件の相違は、不合理であると評価することができるものであるから、旧労働契約法20条にいう不合理と認められるものに当たると解するのが相当である。」と判示しました。

2. 通勤手当及び出張旅費

(1) 同一労働同一賃金ガイドライン
次のように指針が示されています。

> 短時間・有期雇用労働者にも、通常の労働者と同一の通勤手当及び出張旅費を支給しなければならない。
> **問題とならない例**
> イ　A社においては、本社の採用である労働者に対しては、交通費実費の全額に相当する通勤手当を支給しているが、それぞれの店舗の採用である労働者に対しては、当該店舗の近隣から通うことができる交通費に相当する額に通勤手当の上限を設定して当該上限の額の範囲内で通勤手当を支給しているところ、店舗採用の短時間労働者であるXが、その後、本人の都合で通勤手当の上限の額

15　労働契約法20条は削除され、同規定は改正前パートタイム労働法（「短時間労働者の雇用管理の改善等に関する法律」）に統合されました。
16　ハマキョウレックス事件（最判平30年6月1日）

では通うことができないところへ転居してなお通い続け
　　ている場合には、当該上限の額の範囲内で通勤手当を支
　　給している。
　ロ　A社においては、通勤手当について、所定労働日数が
　　多い（例えば、週4日以上）通常の労働者及び短時間・
　　有期雇用労働者には、月額の定期券の金額に相当する額
　　を支給しているが、所定労働日数が少ない（例えば、週
　　3日以下）又は出勤日数が変動する短時間・有期雇用労
　　働者には、日額の交通費に相当する額を支給している。

　このように、ガイドラインによれば、パートタイム・有期雇
用労働者に対して正規雇用労働者と同額の通勤手当を支給する
ことが必要になりますが、勤務形態にかかわらず労働日数に応
じた差異を設けることは許容されます。

（2）判　例
　正社員に月5,000円の通勤手当が支給され、交通手段及び距
離が同じ有期契約社員には月3,000円が支給され、金額に差異
があったことが旧労働契約法20条で禁止される不合理な労働条
件に該当するかが争われた事件[17]において、裁判所は「通勤手
当は、通勤に要する交通費を補填する趣旨で支給されるもので
あるところ、労働契約に期間の定めがあるか否かによって通勤
に要する費用が異なるものではない。また、職務の内容及び配
置の変更の範囲が異なることは、通勤に要する費用の多寡とは
直接関連するものではない。」として「正社員と契約社員であ
る被上告人との間で上記の通勤手当の金額が異なるという労働
条件の相違は、…労働契約法20条にいう不合理と認められるも
のに当たると解するのが相当である。」と判示しました。

17　前掲16

3．単身赴任手当

同一労働同一賃金ガイドラインでは次のように指針が示されています。

> 通常の労働者と同一の支給要件を満たす短時間・有期雇用労働者には、通常の労働者と同一の単身赴任手当を支給しなければならない。

このように、ガイドラインによれば、パートタイム・有期雇用労働者に対して正規雇用労働者と同額の単身赴任手当を支給することが必要となります。

4．地域手当（特定の地域で働く労働者に対する補償として支給）

同一労働同一賃金ガイドラインでは次のように指針が示されています。

> 通常の労働者と同一の地域で働く短時間・有期雇用労働者には、通常の労働者と同一の地域手当を支給しなければならない。
>
> **問題とならない例**
>
> A社においては、通常の労働者であるXについては、全国一律の基本給の体系を適用し、転勤があることから、地域の物価等を勘案した地域手当を支給しているが、一方で、有期雇用労働者であるYと短時間労働者であるZについては、それぞれの地域で採用し、それぞれの地域で基本給を設定しており、その中で地域の物価が基本給に盛り込まれているため、地域手当を支給していない。

> **問題となる例**
> 　A社においては、通常の労働者であるXと有期雇用労働者であるYにはいずれも全国一律の基本給の体系を適用しており、かつ、いずれも転勤があるにもかかわらず、Yには地域手当を支給していない。

　このように、ガイドラインによれば、パートタイム・有期雇用労働者に対して正規雇用労働者と同額の地域手当を支給することが原則として必要になりますが、パートタイム・有期雇用労働者の賃金体系が全国一律に定められておらず、地域の物価を踏まえた基本給が支給されている場合には、支給の有無に差異をつけることも許容されます。

5．住居手当

（1）同一労働同一賃金ガイドライン
　住宅手当に関する指針が示されていません。

（2）裁判例
　新一般職（正社員）に対して住居手当が支給され、契約社員には住居手当が支給されていないことが、旧労働契約法20条で禁止される不合理な労働条件に該当するかが争われた事件[18]で、企業が新一般職であっても採用や配転に伴い転居する例が存在する旨主張したことに対し、採用時の転居事情については新一般職と契約社員とで相違があるとは考えられず、新一般職について転居を伴う配転は行わないこととしていることから、転居を伴う配転が予定されていない新一般職と契約社員との間に住居手当について上記のような相違を設けることの合理的理

18　日本郵便（大阪）事件（第2審）（大阪高判平31年1月24日）

由とはならない、として支給の差異は不合理であると判示しています。

　類似の裁判例[19]でも、正社員も契約社員も転居を伴う配置転換は予定されておらず、双方とも住居に要する費用は同程度と考えられることから、住居手当を正社員には支給し、契約社員には不支給としたことは不合理であると判示されています。

　このように、転居を伴う異動に差異がある場合には格別、労働条件において転居を伴う異動の有無に差異がない場合には、パートタイム・有期雇用労働者に対して正規雇用労働者と同額の住居手当を支給することが必要になります。

６．家族手当（扶養手当）

（１）同一労働同一賃金ガイドライン
　家族手当（扶養手当）に関する指針が示されていません。

（２）裁判例
　正社員と契約社員間の扶養手当の待遇差について、これまで下級審で判断が分かれていましたが、近時の最高裁判決において（最判令２年10月15日（日本郵便（大阪）事件上告審））「郵便の業務を担当する正社員に対して扶養手当が支給されているのは、上記正社員が長期にわたり継続して勤務することが期待されることから、その生活保障や福利厚生を図り、扶養親族のある者の生活設計等を容易にさせることを通じて、その継続的な雇用を確保するという目的によるものと考えられる。」とし、これらの「目的に照らせば、本件契約社員についても、扶養親族があり、かつ、相応に継続的な勤務が見込まれるのであれば、扶養手当を支給することとした趣旨は妥当するというべきであ

19　日本郵便（東京）事件（第２審）（東京高判平30年12月13日）

る。」と判示した上で、「本件契約社員は、契約期間が6か月以内又は1年以内とされており、第1審原告らのように有期労働契約の更新を繰り返して勤務する者が存するなど、相応に継続的な勤務が見込まれているといえる。」ことから、「正社員に対して扶養手当を支給する一方で、本件契約社員に対してこれを支給しないという労働条件の相違は、労働契約法20条にいう不合理と認められる」と判断しました。

　このような判例を踏まえると「継続的な勤務が見込まれる」契約社員については、扶養手当について正社員と同額を支給することが必要になると考えます。

（伊藤洋実）

Q20 割増賃金

職務給においても割増賃金は発生するのですか。

A　職務給においても、労働者が法定労働時間を超えて働いた場合には、割増賃金を支払わなければなりません。

　もっとも職務給では、設計段階で作成された職務記述書によって、各業務における作業量や要する時間等をおおよそ把握することが可能となります。そこで、これらの情報を基に、あらかじめ時間外労働時間を極力発生させないような人員配置をすることが重要です。

【解説】

1 割増賃金の支払義務はある

　職務給を採用したとしても、請負契約を締結したわけではありませんので、実際に労働者が法定労働時間を超えて働いた場合には、時間外労働時間に対応する割増賃金を支払わなければなりません。この残業代コストをいかに削減するかは、使用者にとって悩ましい問題です。

　職務給では、使用者は、設計段階で行った職務分析に基づいて作成された職務記述書によって、各業務における作業量や要する時間等をあらかじめ把握することが可能になります。そこで、これらの情報を基に時間外労働時間を極力発生させないような人員配置を行うことが重要となります。また、職務給では各労働者が自己の果たすべき職責を明確に意識して業務にあたることから、作業能率の促進が期待できます。

　その結果、職能給制度下よりも時間外労働は生じにくくなると考えられます。

2 未払賃金があることのリスク

　今日の労働法務において、基本給について職能給・職務給いずれ

を採用するかにかかわらず、割増賃金の未払いは大きな問題となっています。従前、割増賃金の消滅時効期間は２年でしたが、令和２年４月１日施行の改正労働基準法では経過措置により、当分の間、３年間とすることになり、１年延長されました。訴訟になると、従前は過去２年分の未払賃金が請求されていましたが、今後は過去３年分の訴訟リスクを負うことになります。

また、悪質な未払いの場合、裁判所の判断により、ペナルティとして未払金額の２倍の金額の支払い（付加金）を命じられる場合もあります。

さらには、１人の労働者による裁判の結果次第では、他の労働者にも同様の訴訟が広がる可能性もあり、企業にとっては大打撃を受けるおそれがあります。そこで、職務給に限った問題ではありませんが、割増賃金についての規程は適正に定めておく必要があります。

❸ 固定残業代制

特に、賃金規程において、割増賃金の支払いに代えて一定金額の手当（時間外手当）を支給する場合や一定範囲の労働時間分の割増賃金を基本給に含めて支給する場合がみられます。そのような固定残業代制が、裁判上労働基準法37条に適合し割増賃金の支払いとして有効と認められるためには、以下の要件を満たすことが必要になります（菅野和夫『労働法（第12版）』弘文堂、524頁）。

① 基本賃金の中で通常の労働時間分の賃金部分と割増賃金の部分とが区別できるように仕分けをし、

② その割増賃金の部分が、何時間分の時間外労働（及び深夜労働）をカバーするのか（同条所定の割増賃金の額を下回らないことが必要）を明示することが必要であり、

③ そのカバーする時間分を超える時間外労働には、別途、割増賃金（同条所定の額以上のもの）を支払うこと

Q21

　定期昇給がなく、また職務等級の引下げにより賃金の減額が生じ得る設計となっていても、法的に問題はないのですか。

Ⓐ【定期昇給がないことについて】

　定期昇給は法的に義務付けられているものではありませんので、定期昇給がなくても法的に問題はありません。

【職務等級の引下げについて】

　職務給では、職能給とは異なり、制度上、職務等級の変更は予定されているものであり、就業規則に担当職務の変更に対応して等級・基本給の変更がなされる旨の定めがあらかじめ存在し、適正かつ公正な人事評価の手続きに基づくこと及び労働者に対する告知・聴聞の機会の保障も併せて明記している場合には、職務等級の引下げにより賃金の減額が生じ得る設計となっていても、原則として使用者の裁量的判断に委ねられることとなります。

【解説】

1 定期昇給がない場合

　年齢や企業への勤続年数に応じて定期昇給が認められる年齢給や勤続給とは異なり、職務給は、職務の性質及び価値で賃金が決定される制度ですから、上位の職務等級に昇級しない限り原則として昇給はありません。定期昇給は法的に義務付けられてはいませんので、個別の労働者との関係で、結果的に定期昇給がなされなかったとしても、法的に問題は生じません。

　もっとも、昇給は労働基準法89条2号「昇給に関する事項」として絶対的必要記載事項となっています。労働者が前もって認識できるように就業規則においてあらかじめ定期昇給がないことを明らかにしておくことは、事後の紛争を避ける意味でも重要です。

2 職務等級の引下げがある場合

　職務給では、賃金は職務等級に応じて決定されることから、職務等級の引下げにより賃金の減額が生じ得ます。賃金規程に職務等級の引下げにより賃金の減額が生じる旨を定めておけば、当該規程による人事評価の手続きと決定権に基づき行われる限り、原則として使用者の裁量的判断に委ねられますが、当該降級につきそれを正当化する勤務成績の不良が認められず、退職誘導など他の動機が認められるような場合には、人事権を濫用したものとして降級が無効になるとされています（菅野和夫『労働法（第12版）』弘文堂、726頁）。

　裁判例をみると、営業譲渡によって成果主義的賃金制度が導入されたところ、数年後の人事評価により降給とされた労働者が当該降給の有効性を争った事案で、裁判所は「労働契約の内容として、成果主義による基本給の降給が許容されるのは、就業規則等による労働契約に、降給が規定されているだけでなく、降給が決定される過程に合理性があること、その過程が労働者に告知されてその言い分を聞く等の公正な手続きが存することが必要であり、降給の仕組み自体に合理性と公正さが認められ、その仕組みに沿った降給の措置が採られた場合には、個々の労働者の評価の過程に、特に不合理ないし不公正な事情が認められない限り、当該降給の措置は、当該仕組みに沿って行われたものとして許容される」と判示しました[20]。

　他方、労働者が育児休暇復帰後に担当職務の変更により役割グレードを引き下げられ、その結果として役割報酬額も引き下げられた事案で、「労働者にとって最も重要な労働条件の一つである賃金額を不利益に変更するものであるから、就業規則や年俸規程に明示的な根拠もなく、労働者の個別の同意もないまま、使用者の一方的な行為によってそのような重要な労働条件を変更することは、許されない」として当該等級の引下げ・降給を無効と判断しました[21]。

20　エーシーニールセン・コーポレーション事件（東京地判平16年3月31日）

以上の裁判例を踏まえると、職務給では職務等級の引下げにより賃金の減額が生じ得るため、設計段階では賃金規程に、

> ①　職務等級の引下げ及びそれに伴う降給が生じ得ること
> ②　適正かつ公正な人事評価の手続きに基づくこと
> ③　労働者に対する告知・聴聞の機会の保障

を明記し、労働者に周知するようにしておくことが重要です。

21　コナミデジタルエンタテインメント事件（東京高判平23年12月27日）

職務給の下でも配置転換の規定を定めることは可能ですか。

Ａ 職務給を中心とした雇用制度においても、配置転換の規定を定めることは可能です。

【解説】

1 配転とは

「配転」とは、労働者の配置の変更であって、職務内容または勤務場所が相当の長期間にわたって変更されるものをいいます。このうち、同一勤務地（事業所）内の所属部署の変更を「配置転換」といい、勤務地の変更を「転勤」といいます（菅野和夫『労働法（第12版)』弘文堂、727頁）。

2 配転の必要性

欧米における純粋な職務給を前提とした雇用形態においては、配転による職務の大幅な変更は想定されていないことも少なくありません。

しかし、賃金体系として職務給を採用することと、職務を限定した労働契約を締結するか否かは、本来異なる次元の問題ですから、法的にみれば、職務給の下でも配置転換の規定を定めることは可能です。

特にわが国では、使用者による解雇権の行使が非常に厳格に規制されています。そのため、例えば経営方針の変更によりある職務が廃止された場合や、あるいはある職務に対する労働者の能力が不足する場合であっても、その職務に従事していた労働者を解雇することは困難なので、配置転換で対応せざるを得ないという事情もあり

ます。

　また、企業の業種、職務及び経営理念によって様々な考え方があるところであり、職務給を採用していても、事業計画に伴って配置転換を行う必要が生じ得ますし、特に新卒採用の場合などには、能力開発の点からジョブ・ローテーションを行うことを予定している企業も多いと思います。

3 注意点

　職務給の下で配置転換の定めを置く場合、どのような点に注意すべきでしょうか。

（1）就業規則等への定めと周知が必要

　配置転換についての裁判例をみてみると、職務等級制度を採用している会社の就業規則に定められた配置転換規定に基づいて職務を変更され、これに伴い職務等級（グレード）が降級され賃金が減額された労働者が、当該措置が無効であると争った事案[22]において、裁判所は「（職務等級制度の下では）それぞれの職務の種類・内容、所掌の範囲やその重要性・責任の大小、要求される専門性の高さ等に応じて細分化したグレードを設定し、個々のグレードに対応する基本給の基準額とその範囲を定め、これを基礎にして支払給与及び賞与その他の処遇を定めているのであり、担当職務に変更が加われ ばこれに対応してグレード・基本給にも変更が生じることも当然に予定され、これらの点が就業規則・給与規則において具体的に明らかにされ、社員に対する周知の措置が講じられることにより、被告と社員との労働契約の内容を成していたものと認めることができる」と判示して、職務等級制度の下での配置転換規定を有効と判断

22　L産業（職務等級降級）事件（東京地判平27年10月30日）

しています。

　この裁判例から考えると、職務給の下で配置転換を定める場合、職務変更に伴って等級が下がる場合があること、及び基本給の基準額の変更が生じることを明確に就業規則等に定めておき、その規則を労働者に周知させることが大切です。

【就業規則に記載する事項】
(1)配置転換制度を採用していること
(2)配置転換に伴って職務等級の引下げが生じ得ること
　①それに伴う降給が生じ得ること
　②適正かつ公正な人事評価の手続きに基づくこと
　③労働者に対する告知・聴聞の機会の保障　(※ Q21を参照)

（2）配置転換が予定されていることを明記

　なお、実際の訴訟では、使用者が就業規則に基づく包括的な配転命令権を主張するのに対し、労働者が職務を限定する旨の合意の存在を主張して、配転命令権の無効を争うケースが多くみられます。職務の限定の合意がなされている労働者については、一方的な配転命令に基づき職務を変更することは困難です。配転命令を有効に実施するために、配置転換を予定する労働者と労働契約を締結する際には、業務上の必要により配置転換があり得ることや職務を限定しない契約であることを労働契約書等に明記しておくことも今後は大切になると思われます。

（3）慎重な検討を要する配転

　また、上記のような就業規則の規定が定められており、職務を限定しない契約である場合でも、賃金が大きく減額となる職務への変

更や、職務があまりに大きく異なりキャリア形成への期待に重大な支障を生じるような配転は、労働者の被る不利益が大きすぎ、人事権の濫用に該当し得るため、慎重な検討が必要です。

4 今後の見通し

　以上、職務給の下で配置転換規定を置く場合の注意点をお伝えしましたが、今後の企業としての発展を考えると、従来のように職務を限定せず広く様々な職務を経験させる雇用制度では、技術革新のスピードが著しい現代において優秀な人材などを獲得・育成することが困難となってきています。そこで、今後は、職務給を採用するとともに職務を限定した上で能力や成果に応じて高給を保証する労働契約が増えていくのではないかと思われます。

【コラム㉕】職務給は配置転換に対応できないのか？

職務給は、労働者の能力ではなく、職務の難易度、責任度などの高さ（価値）で序列管理する職務等級（グレード）制度に従い、該当するグレードに応じて賃金が支給されます。したがって、職種転換などにより職務が変更になり、グレードも変更となれば、賃金が変更されます。専門性を重視した制度のため、これは当然のことです。

これを取りあげて、「ジョブ・ローテーションを前提とする日本では職務給は使えない」と指摘されたり、忌避されたりしています。しかし、陰湿で意図的な異動は別として、能力に見合った職務変更としての異動であれば、グレードあるいは賃金が変わらないように配慮して職務異動させることは十分可能なはずです。

他方で、これまでの日本企業では、本人の能力とは無関係の人事異動が会社都合で当たり前のように行われてきました。しかし、職務給を採用すれば、こういった異動は半強制的に見直しを迫られることになります。

なお、ビジネスプロセス・リエンジニアリングで起きたグレード統合、いわゆるブロードバンディングは、職務等級を細かいランクに区分せず、ある程度大きく括ることで、異動等に柔軟に対応する試みです。しかし、別々のグレードだった職務が同じグレードに収まることから、グレードの定義を緩ませ、公正性を低下させるというデメリットがあります。それが労働者の不満につながる可能性もあるため、実行には慎重さが求められます。

（西村　聡）

Q23 賞与の取扱い

職務給を採用する場合、賞与の取扱いはどうすればよいのでしょうか。

A 賞与の支払規定を設けるか否かは、あくまで企業の任意です。
　職務給を採用した場合、職務と賃金との対応関係を明確にすべく、賞与の支払規定を設けないことも考えられます。
　一方で、職務給は基本的に定期昇給が予定されていないことから、賞与が労働者にとって短期的なキャッシュインセンティブとして重要な意味を持つことも考慮しつつ、規定を設けるか否かを検討する必要があります。

【解説】

1 賞与とは

賞与とは、「定期又は臨時に、原則として労働者の勤務成績に応じて支給されるものであって、その支給額が予め確定されていないもの」[23]をいいます。賞与の支給は、毎月の賃金とは異なり、使用者に法的義務はなく、賞与の支給を賃金規程等で定めない場合には、支払義務を負いません[24]。

23　昭22年9月13日発基17号都道府県労働基準局長宛労働次官通達。この通達では「定期的に支給され、且その支給額が確定しているものは、名称の如何にかかわらず、これを賞与とはみなさない」とされています。
24　梶鋳造所事件（名古屋地判昭55年10月8日）（賞与の性質について）「労務提供があれば使用者からその対価として必ず支払われる雇用契約上の本来的債務（賃金）とは異なり、契約によって賞与を支払わないものもあれば、一定条件のもとで支払う旨定めるものもあって、賞与を支給するか否か、支給するとして如何なる条件のもとで支払うかはすべて当事者間の特別の約定（ないしは就業規則等）によって定まるというべき」と判示しています。

2 賞与の廃止

　今まで賞与について就業規則で定めて毎年定期的に支給してきた企業が、基本給を職務給に変更するのに伴って、職務と賃金との対応関係を明確にすべく、就業規則の変更によって基本給に賞与支給分を組み込むこととして、賞与を廃止することを検討する場合があります。

　賞与を廃止する場合、賃金原資総額を減少させるものでなかった場合でも、各労働者にとって年間の賃金総額の減少を生じさせる可能性があれば、労働条件の不利益変更に該当し得るため、労働契約法10条の「合理性」基準を充足するかどうか検討する必要があります[25]。

　職務給は基本的に定期昇給が予定されていないことから、賞与は労働者にとって短期的なキャッシュインセンティブとして重要な意味を持ちます。そこで、賞与の廃止には慎重であるべきと考えます。

3 就業規則等への定め

　なお、賞与についての定めを置く場合に、賞与の支給について就業規則（賃金規程）上、「会社は業績その他により賞与を支給することがある」等の努力規定的な内容を定めておけば、業績不振の場

---

[25] 紀北川上農協事件控訴審（大阪高判平29年4月10日）では、就業規則に「賞与を支給することができる。」という規定があり、賞与の具体的請求権が発生していると解することは困難であると判断しつつも、「従前は、被告の裁量によって賞与を支給し、あるいは定期昇給を実施することができたのに対し、スタッフ職制度の導入及び適用によって、賞与が原則的に支給されなくなり、定期昇給も実施されなくなったのであって、これらスタッフ職制度導入の前後における労働者に対する処遇を一般的客観的に対比すると、その程度はともかくとして、本件就業規則等の変更は、労働者の労働条件を不利益に変更するものである」と判示し、（一時的な不支給決定ではなく）賞与を原則として不支給とする制度への変更は、労働条件の不利益変更に該当すると判断しました。

合に支払う義務が生じません。

4 賞与の算定基準

　そもそも賞与は、一般に、賃金後払的性格とともに、基本給を補う生活補填的性格、労働者の貢献に対する功労報償的性格、将来の労働に対する勤労奨励的性格、企業業績の収益分配的性格等、多様な性格を併せ持っている、と解されています（水町勇一郎『詳解労働法』東京大学出版会、590頁）。

　賞与が賃金後払的性格を有する以上、基本給において職務給を導入しておきながら、賞与において依然として勤続年数や年齢を基準とした算定を行うと、職務給を導入した趣旨である賃金の平等・公平な配分の実現は困難です。そこで、賞与の算定においても、職務給の趣旨に即した算定基準を使用すべきです。一つの例として、ポイント制にする方法が考えられます。この方法は、等級や業績評価等に基づいて付与ポイントを設定し、そのポイントに1ポイント当たりの単価を乗じることで、各労働者の賞与額を算出します。また、この場合の各労働者が得たポイントの単価は、各期の業績や各部門の業績によって変動させるのが一般的です。

Q 24 退職金の取扱い

職務給を採用する場合、退職金の取扱いはどうすればよいのでしょうか。

A　退職金制度を設けるか否かは、あくまで企業の任意です。

賃金制度として職務給を採用した場合、①職務と賃金との対応関係を明確にすべく、退職金制度を設けずに、退職金に相当する金額を前払いして月額賃金に上乗せする方法や、②退職金制度を設けるにしても、ポイント式退職金制度を採用することが考えられます。

【解説】

1 退職金とは

退職金とは、使用者が労働契約の終了に伴い労働者に支払う一定の金銭をいいます。現在多くの企業が退職金制度を設けていますが、退職金制度の設定は法的義務ではなく、あくまで企業の裁量に委ねられています。すなわち、労働協約や就業規則に退職金を支払う旨及びその支給条件等が明確に定められた場合には、任意的恩恵的な給付ではなく「賃金」（労働基準法11条）に当たり、企業は退職金の支払義務を負いますが、退職金制度を採用しない場合には、労働協約や就業規則に退職金についての定めを置かなければ、退職金の支払義務を負いません（菅野和夫『労働法（第12版）』弘文堂、422頁）。

退職金の支払いを制度化する場合には、「退職手当の定めをする場合においては、適用される労働者の範囲、退職手当の決定、計算及び支払の方法並びに退職手当の支払の時期に関する事項」（労働基準法89条3号の2）として、就業規則に定めることになります。

2 職務給と退職金

　職務給を採用した場合、退職金の取扱いとして、①退職金に相当する金額を前払いして月額の賃金に上乗せし、退職金は不支給とする方法があります。退職金制度が、通常、基礎賃金に勤続年数に応じた支給率を乗じて算定され、長く勤務するほど高額になる年功的意味合いの強い制度となっていたことからすれば、職務価値と賃金との対応関係を明確にするため、退職金制度自体を採用しないという選択も考えられます。

　また、退職金制度を採用するにしても、②年功的意味合いを減退させて、職務の価値を金額に反映させるようなポイント式退職金制度を採用することも考えられます。

　ポイント式退職金制度とは、労働者の勤務年数、在職中の等級・格付け等を基準として１年当たりのポイントを設定し、これらの基準を基に各労働者にポイントを付与し、退職時点の取得ポイント数にポイント単価を乗じることによって退職金を算定する制度です。基準設定の際に勤続年数の要素を縮減し、在職中の等級・格付けを主たる要素とすることによって、在職中の職務価値を退職金に反映させることが可能となり、勤続年数だけでは評価が困難な中途採用者について退職金を適正に支給できることになります。

　従前は、長期雇用を促進するためのインセンティブとしての機能を果たした退職金制度ですが、流動化した労働市場において優秀な中途採用者を確保するためには、退職金制度の内容及び存在そのものについて変更せざるを得ないと考えられ、上記①②の方法は検討に値すると考えます。

3 退職金制度の変更

　従来退職金制度を採用してきた企業が職務給を採用するに伴って、従前の制度設計（月例賃金連動制度等）からポイント式退職金

制度に変更する場合、労働者によっては退職金の減額を生じさせます。退職金の減額は労働条件の不利益変更に該当しますから、就業規則の変更により退職金制度の変更を行う場合には、労働契約法10条の「合理性」の基準を充足することが必要となります。

4 退職金の確認方法の確保

なお、労働者が、自分が受け取る予定の退職金を確認する方法を確保することも重要です。

職能給の場合には、退職金規程に記載される職能等級テーブルに基づいて退職金が支払われることが多く、労働者はこのテーブルを閲覧することにより、将来受け取る退職金の概算を把握できるとされています。

一方、ポイント式退職金制度を採用した場合、労働者が将来受け取る退職金の概算を確認する方法としては、通常、退職金規程に在職中の等級・格付けを中心とする要素に基づき付与されるポイント体系表を表示し、毎年労働者に交付する賃金辞令において各労働者の1ポイント当たりの対価を開示する方法が考えられます。労働者は、各自の取得ポイントに1ポイント当たりの単価を乗じることによって、将来受け取る退職金の概算を確認することが可能となります。

【コラム㉖】賞与及び退職金の取扱い

　職務給を基本とする欧米では、賞与は業績評価による付加給（業績給、奨励給）として、個人及びチームで標準能率以上の達成の場合は支給されていますが、日本のように、月々の生活費に充てることが見込まれる、つまり後払い的な生活保障機能はありません（欧米では、一部、1か月程度のクリスマス・ボーナスを支給するところはあるようですが、日本のように生活費の補填が期待できるほどの額ではありません）。

　また、退職金制度についても、欧米では日本のような退職一時金制度は珍しく、多くは会社が確定拠出年金制度を通して、労働者の退職資金の準備を支援しています。社会保障制度の充実度は各国で異なりますが、退職一時金もなく、年金だけでは老後が不安な状況になることを考えれば、労働者は当然、毎月の賃金のあり方や労働（職務）について真摯に捉えざるを得なくなるでしょう。

　この意味で、賞与及び退職金の後払い的性格の生活保障機能部分については、今後、職務給に統合されるべきと考えます。

　日本のように、企業への貢献度が低い労働者であっても、退職一時金があり、終身雇用が保証されるとなれば、誰が自らを厳しい状況に置き、モチベーションを奮い立たせるでしょうか。自律した個と組織をつなぐ職務とその賃金は、人生観、勤労観、職業観に大きな影響をもたらすことをよく考え、制度設計すべきです。

（西村　聡）

第4章

職務給の導入と法理

本章では、職務給を実際に導入する際の法的手続と、導入段階における法的課題について解説します。

新設した会社での職務給の導入

これから設立する会社に職務給を導入する際の、法的手続について教えてください。

Ａ 賃金規程等の就業規則を整備した上で、労働者と雇用契約を締結する際に、職務給に基づく賃金体系となっていることを説明し、職務記述書を用いて職務内容を明示します。

【解説】

1 基本的には通常の法的手続

これから会社を設立し、新規に労働者を採用して事業を始めるというときには、職務給に基づいて賃金を定める場合であっても、職能給など他の賃金制度の場合と特段異なる法的手続が必要というわけではありません。

2 法的手続の具体的な内容

まず、職務給に基づいて賃金体系を設計し、その設計内容を反映した賃金規程等の必要な社内規程を作成します。常時10人以上の労働者を使用する場合には、賃金規程等の就業規則を行政官庁へ届け出る義務があり[1]、また、就業規則は周知義務[2]があります。

そして、労働者と新規に雇用契約を締結する際に、使用者は労働条件の明示義務[3]を負いますので、賃金制度として職務給が採用されていることを説明する必要があります。賃金に対応して当該労働者に与えられる職務の内容や職責も明示することが重要と考えられ、職務記述書を交付して、どのような職務を任せるか具体的に説明します。

---

1 労働基準法89条
2 労働基準法106条1項
3 労働基準法15条1項

職能給から職務給への切替え

職能給から職務給に切り替える際の、職務給の導入の法的手続はどのようなものですか。

Ⓐ　職能給に代えて職務給を導入する場合、労働条件の不利益変更を伴うことが予想されます。

　そのため、①個々の労働者と個別に合意を交わす方法、②就業規則を変更する方法、③労働組合と労働協約を交わす方法のいずれか（またはこれらの組合せ）の手続きを踏む必要があります。

【解説】

1　3種類の方法

　職能給に代えて職務給を導入する場合、労働条件を変更するための法的手続として、大きく分けて、次の3種類の方法があります。

---

①　会社と個々の労働者との間で、個別に労働条件の内容を変更する旨の合意を締結する
②　会社が一方的に就業規則を変更する
③　会社と労働組合との間で労働協約を締結する

2　①個別合意の場合

　職務給を導入する1つ目の方法は、賃金に関する労働条件を変更する旨の合意を、会社が個々の労働者と個別に交わす方法です。職務分析・職務評価により、個々の労働者の職務を確定し、職務に応じた給与となるよう労働条件を変更する旨の合意を交わすことができれば、職務給を導入することができます。

個別に労働条件の内容を変更する合意を締結することが十分現実的な規模の会社や、労働組合に加入していない労働者の割合が多い会社などでは、この方法を軸に検討することが有用といえます。

　労働条件を変更する個別合意を書面の形で行う必要があるかについてですが、法律上、書面によることは要求されていませんので[4]、口頭だけで合意したとしても直ちに無効とはなりません。しかし、当然のことながら、後から合意したかどうかを争われる可能性もありますので、労働条件を変更する合意を締結する際には、合意の内容を明示した書面を締結し、労働者の署名押印をもらうことが望ましいといえます。また、後述するように、労働条件の変更の合意の有効性は、裁判例上厳格に判断される傾向がありますので、合意書の内容は、正確かつ明確なものにする必要があります。

　なお、就業規則上の基準に達しない労働条件を定める労働契約の効力は否定される[5]ため、就業規則との関係性も意識する必要があります。個々の労働者と個別に労働条件を変更する合意を交わすとともに、変更後の条件が就業規則上の基準を下回らないように注意すべきです。

３ ②就業規則変更の場合

　労働条件を変更する2つ目の方法は、②会社が就業規則を変更するという方法です。

（1）周知義務

　まず、就業規則の変更にあたっては、変更後の就業規則を労働者へ周知する義務があります[6]。周知義務を怠ると就業規則変更の効

4　労働契約法8条
5　労働契約法12条
6　労働基準法106条、労働契約法10条

力が否定されるため、特に重要な手続きといえます。周知の方法は、常時各作業場の見やすい場所での掲示、備付け、書面の交付またはコンピューターを使用した方法が法律上列挙されていますが、必ずしもこれらの方法による必要はなく、裁判例上、「その事業場の労働者の大半がその就業規則の内容を知り、又は知ることができる状態に置かれていれば足り、当該労働者が実際に就業規則の内容を知ったかどうかは問わない」とされています[7]。

　また、常時10人以上の労働者を使用する場合には、行政官庁への届出義務[8]と、過半数労働組合または過半数代表者の意見聴取義務[9]が課されますので、届出手続と、意見聴取手続をそれぞれ行う必要があります。

（2）労働条件の不利益変更

　就業規則の変更という方法をとる場合の難点は、就業規則を変更して労働者に不利益な労働条件の変更をすることは原則としてできず、労働条件の変更が認められるためには厳格な要件を満たす必要があるという点です。

【労働契約法9条】
　使用者は、労働者と合意することなく、就業規則を変更することにより、労働者の不利益に労働契約の内容である労働条件を変更することはできない。ただし、次条の場合は、この限りでない。
【労働契約法10条】
　使用者が就業規則の変更により労働条件を変更する場合において、変更後の就業規則を労働者に周知させ、かつ、就業規則

7　キャンシステム事件（東京地判平21年10月28日）
8　労働契約法11条、労働基準法89条
9　労働契約法11条、労働基準法90条

> の変更が、労働者の受ける不利益の程度、労働条件の変更の必
> 要性、変更後の就業規則の内容の相当性、労働組合等との交渉
> の状況その他の就業規則の変更に係る事情に照らして合理的な
> ものであるときは、労働契約の内容である労働条件は、当該変
> 更後の就業規則に定めるところによるものとする。…。

　職務給に基づいた賃金体系と、職能給に基づいたそれとでは設計
思想が異なりますから、職務給を導入することで、ある労働者との
関係では労働条件を有利に変更することになる一方、他の労働者と
の関係では労働条件が不利になる場合があるのが通常です。有利に
変更する部分の就業規則の変更が有効なままで、不利に変更する部
分のみ効力が否定されてしまうと、賃金体系が崩壊して、職務給の
導入が健全になされなくなってしまいます。

　労働条件を不利益に変更する内容の就業規則の変更が認められる
かどうかについては、労働契約法で次の各事情が考慮されるものと
列挙されています。

【労働条件の不利益変更について考慮される各事情】
① 労働者の受ける不利益の程度
② 労働条件の変更の必要性
③ 変更後の就業規則の内容の相当性
④ 労働組合等との交渉の状況
⑤ その他の就業規則の変更に係る事情

---

4 ③労働協約締結の場合

　労働条件を変更する3つ目の方法は、③労働組合との間で労働協
約を締結する方法です。労働協約は、これを締結した労働組合に属
する労働者に効力が及びますので、その労働組合の組合員について

一括して職務給を導入することができます。

　全労働者が労働組合に属している場合には、労働協約の締結のみで職務給を導入できますが、労働組合に属していない労働者がいる場合には、原則としては、当該労働者と個別に労働条件を変更する旨の合意を交わす必要があります。

　ただし、労働協約を締結した労働組合の組合員が、同じ工場や事業場で労働する労働者の4分の3以上の場合には、非組合員に対しても当該労働協約の効力が及ぶとされています[10]ので、この要件を満たす場合には、原則として労働協約のみで職務給を導入することもできます。

　なお、労働協約は、労働者との個別合意とは異なって要式性が求められ、書面で作成する必要があり、使用者と労働組合双方の記名押印も必要となります[11]。

5 ①〜③の選択、併用

　いずれの方法を選択することが望ましいかは、会社ごとに異なるといえます。

　全労働者との間で個別に労働条件を変更する合意を締結することが現実的な規模である会社であれば、個別合意を中心に導入する方法が可能です。他方で、大規模な会社で、労働者の労働組合への加入率が高い会社であれば、労働協約を中心に導入を検討することが妥当と思われます。非組合員に労働協約の効力が及ばない場合には、非組合員との間で個別に労働条件を変更する合意を締結したり、就業規則を変更するなど、複数の方法を併用することが考えられます。

　就業規則の変更により労働条件を変更することについては、その有効性が認められるためには変更の合理性がなければなりません。

10　労働組合法17条
11　労働組合法14条

しかし、合理性を判断するための考慮事由は法律で定められているものの、どのような具体的な事情があれば「係る事情に照らして合理的なものである」と判断されるかが明確に示されているとはいえません。また、裁判例上「変更の合理性」が厳格に判断される傾向もあります。

　したがって、就業規則の変更のみにより職務給を導入する場合、他の方法に比べ、導入に不満がある労働者との間での訴訟リスクや敗訴リスクが高くなるおそれがあります。そのため、基本的には①個別の合意と③労働協約の方法で職務給の導入が可能かどうかをまずは検討し、これらの方法によることが難しいという場合に、②就業規則の変更による導入を検討する、という順序で考えていくことが妥当と思われます。

Q 27　職務記述書とは

　職務記述書はどのような書面ですか。職務記述書は職務給の導入手続でも意味を持ちますか。

Ⓐ　職務記述書は、明確に職務を記述し、労働者の職責と結果責任を明示する書面です。労働条件の変更の際に職務記述書を用いて説明を行った場合には、労働条件を変更する合意の内容を示す証拠となり得ます。また、職務給の円滑な導入、効率的な業務の実現を図るために、有効に活用すべきです。

【解説】

■1 職務記述書とは

　職務に応じて労働者の賃金が決まり、職務との関係で仕事を全うしたかどうか評価されるという職務給においては、会社が職務を明確に提示できず、また労働者が職務を明確に認識できない状況下では、賃金体系の正当性に陰りが生じることになります。

　欧米諸国においては労働者の採用時に、雇用契約書とともに、明確に職務を記述し、労働者一人ひとりの職責と結果責任を明示する職務記述書を提示するのが一般的です。日本においても職務給を導入する場合には、職務記述書を活用することが有用です。

■2 各導入方法における職務記述書の意義

　労働条件の不利益変更を伴う場合、①労働者との間で個別に労働条件を変更する合意を締結する方法、②就業規則を変更する方法、③労働組合との間で労働協約を締結する方法の３つの方法があります。

（1）①個別合意の場合

　①労働者と個別に合意を交わして労働条件を変更する場合には、合意締結の際に、職務の具体的内容を正確に伝えるために、職務記述書を活用する意味があると考えられます。

　また、職務記述書を用いて説明を行った場合、職務記述書の記載内容が、労働者との間の労働条件を変更する合意の内容を示す証拠となり得ます。労働条件変更合意書の付属文書として職務記述書を添付し、合意書に「職務記述書を示して職務の説明を行った。」旨を記載しておくと、後から職務の内容について争いが生じる可能性を減らすことができます。

（2）②就業規則変更、③労働協約締結の場合

　他方で、②就業規則の変更や、③労働協約の締結により職務給を導入する場合には、各労働者との間で労働条件を変更する合意を締結するわけではありません。

　しかし、労働者が職務を十分に理解し納得することは、円滑な職務給の導入のためにも、職務内容を意識した効率的な業務の実現を促すためにも重要です。したがって、これらの場合でも、職務記述書を各労働者に交付し、その内容を丁寧に説明するという運用スキームを整備することが望ましいといえます。

Q28 社内規程等

職務給の導入のために作成する社内規程等の具体例を教えてください。

A 職務給に関する主な規程として、等級規程、等級基準、格付け表（職務評価基準書）を作成し、既存の賃金規程、退職金規程を変更します。

さらに、権限分配の見直し、人事考課制度と目標管理制度の再構築もともに行うことが有用ですので、これらに関する規程の整備も行います。

【解説】

1 社内規程等の必要性

労働条件を変更する3つの方法のうちいずれを採用した場合でも、1本の合意書、就業規則、労働協約に、職務給の設計内容をすべて盛り込むことには無理があります。したがって、合意書等で職務給に基づいた賃金に労働条件を変更しつつ、変更内容を整備するために必要な規程を会社が作成することになります。

その際、会社の既存の規程で、新しい賃金体系と矛盾するものがある場合には、矛盾がなくなるように変更することも必要です。

2 社内規程等の具体例

本書では導入のイメージを掴んでいただくため、次頁で具体的な社内規程等の一例を示します。

【職務給の根幹に関する各規程】

 ①等級規程：等級の決定基準、運用について定める

 ②等級基準：職務の等級の基準を示す

 ③格付け表（職務評価基準書）：等級基準に沿った職務に基
            づき労働者の格付けをする

【能力開発制度を構築するための各規程】

 ④能力開発制度要綱：等級基準に基づく経営課題に関する能
         力開発コース（研修）の策定等

【賃金等の既存の各規程の変更】

 ⑤賃金規程：賃金体系、賃金テーブル、賃金の決定方法等を
    変更

 ⑥退職金規程

【人事考課制度を再構築するための各規程】

 ⑦人事考課制度要綱

 ⑧人事考課表

【目標管理制度を構築するための各規程】

 ⑨目標管理制度要綱

 ⑩目標管理シート

Q 29 労働組合、労働者への説明の必要性

労働組合や労働者に誠実に説明し、十分な理解、納得を得ることには、どのような法的意義がありますか。

Ⓐ 職務給の導入手続である、①各労働者との労働条件を変更する個別の合意、②就業規則変更、③労働協約の締結のいずれの方法を選択するにしても、誠実に説明し、その理解、納得を十分に得ることには意義があります。

　内容を理解しないまま締結した①労働条件を変更する合意や③労働協約は、その効力が否定されるおそれがあります。また、②就業規則変更による場合、その有効性が判断される際の重要な一事情となります。

【解説】

❶ 導入後の紛争の予防

　労働組合や各労働者に、職務給とはどのようなものなのか、導入にあたりどのような影響があるかといった重要な事項を、労働者にとってネガティブな内容も含めて誠実に丁寧に説明し、会社と労働者の双方にとって導入すべきものであることを理解、納得してもらうことは、円滑な導入とその後のトラブル回避という点で非常に重要といえます。

　これに加えて、労働条件を変更する合意や、労働協約を締結するにあたり、情報提供を十分に行い、当事者が正しく理解した上で合意等をしたかどうかにより、合意、労働協約の法的な有効性に影響が及ぶことになります。判例等に照らして、この点をご説明します。

2 ①個別合意の場合

　まず、①個別に労働者と合意を交わして労働条件を変更する場合、判例・裁判例上、その合意の有効性は非常に厳しく判断されています。

（1）山梨県民信用組合事件

　最高裁は、山梨県民信用組合事件（最判平28年2月19日）において、労働条件変更により労働者にもたらされる不利益の内容及び程度、変更を受け入れる旨の行為に至った経緯及びその態様、変更を受け入れる旨の行為に先立つ労働者への情報提供または説明の内容等から、労働者の自由な意思に基づく変更受入れ行為があったと認めるに足りる合理的な理由が客観的に存在するか否か、という観点で合意の有効性について判断しました。そして、労働者が、使用者の指揮命令に服すべき立場に置かれていること、情報収集能力に限界があることを理由に、労働者が労働条件の変更を受け入れる旨の行為があったからといって直ちに労働者の同意があったとするのは相当ではないと判示しています[12]。

（2）ザ・ウィンザー・ホテルズインターナショナル事件

　また、下級審裁判例においても、ザ・ウィンザー・ホテルズインターナショナル事件（札幌高判平24年10月19日）では、賃金減額の説明をしたのに対して、「わかった」旨の応答を得て、さらに1年近く減額への抗議もなく労働者が賃金を受領していた事案において、労働者が賃金減額の説明ないし提案を受けたその場においては当たり障りのない応答をすることは往々にしてあり得ること、裁判

12　第二東京弁護士会　労働問題検討委員会『2018年労働判例ハンドブック』労働開発研究会、144頁

をするくらいなら賃金減額に文句を言わずに済ませることも往々にしてあり得ることなどから、明示ないし黙示の賃金減額への同意がないと判断されています。

さらに、労働者が、使用者から賃金引下げの申入れを受け、その後3年間、減額後賃金を異議なく受領していた事案において、労働者が異議を述べなかっただけでは十分ではなく、不利益変更を真意に基づき受け入れたと認められる合理的な理由が客観的に存在することが必要とされ、当該事案では合意が認められないとされた裁判例もあります[13]。

（3）労働条件の変更時に避けるべき状況

以上から明らかなように、通常の意思表示と比べて、労働条件を変更する合意の有効性は極めて厳格に判断されていますので、どれだけ慎重に説明してもやりすぎということはありません。説明した記録を保存し、説明に用いた資料もその記録と紐付けていつでも参照できるようにしておくことが有用です。

【上記の判例、裁判例を踏まえ、避けるべき状況】
① 労働条件の変更内容の説明が不十分であり、どのような点が変更されるのか、労働者が十分に理解できていない状況
② 労働者に中身を確認せずに合意書に署名押印させたため、合意書が形式上作成されたにとどまる状況
③ 労働者は本当は応じたくはなかったにもかかわらず、無言の圧力を受けて、断るに断れず合意に至ったと判断されてしまうような状況
④ 労働者にとって不利な要素を過小評価し、有利な要素ばかり過大評価した説明を行って合意に至った状況

13　NEXX事件（東京地判平24年2月27日）

3 ②就業規則変更の場合

　次に、②就業規則の変更により職務給を導入する場合、労働条件の不利益変更を伴うものについては、労働条件の不利益変更の合理性がある場合に限り、不利益変更の有効性が肯定されます。

【労働契約法10条で定められている、就業規則の変更により労働条件を不利益に変更するための要件】

① 　会社が変更後の就業規則を事前に周知している

　かつ、

② 　就業規則の変更が合理的であると認められるような状況の下で就業規則を変更した場合

　②の「変更の合理性」について考慮される事情

　　・労働者の受ける不利益の程度

　　・労働条件の変更の必要性

　　・変更後の就業規則の内容の相当性

　　・労働組合等との交渉の状況

　　・その他の就業規則の変更に係る事情

　個別の労働者や労働組合への説明を誠実に行い、その納得を得ることは、考慮事由のうち、「労働組合等との交渉の状況」に係る事情として合理性が認められる方向の事情となり、法的にみても重要な方策といえます。

4 ③労働協約締結の場合

　最後に、③労働協約により職務給を導入する場合にも、労働協約は労働組合との合意ですので、労働者と個別に合意する場合と同様、労働条件変更について、誘導やごまかしがあったり、労働組合の誤解を訂正せずに労働協約を締結した場合には、後からその点を指摘

され、労働協約の効力が否定されてしまうおそれがあります。その
ため、やはり労働組合に対して誠実に説明を行い、正確な内容で理
解してもらい、十分に労働組合が納得した上で労働協約を締結する
ことが何より重要です。

また、労働協約を締結した労働組合に加入している労働者が工場・
事業所の労働者の4分の3に満たない場合には、非組合員には労働
協約の効力が及ばないため、非組合員と個別に労働条件を変更する
合意を締結したり、就業規則の変更により対応する必要があります。
その場合、個別に誠実な説明を行い、十分な理解と納得を得ること
が重要といえます。

なお、労働協約により職務給を導入する場合、労働組合内部の手
続きが不適当だと判断されると、労働協約が無効となるおそれがあ
ります。[14]

【裁判例上、労働協約の有効性を判断するにあたり考慮してい
る、労働組合内部の手続きに関する事情】

① 労働協約の締結を組合大会の決議により承認しているか否
か[15]

② 労働組合執行部が独断で交渉、妥結を行ったのではなく、
手続的正当性が認められるような意思決定の集約化がされて
いるか否か[16]

③ 組合大会の決議の存在や不利益を受ける者の意見を汲み上
げる努力をしていたか否か[17]

労働組合から手続面について質問を受けた際には、必要に応じて、

---

14 第二東京弁護士会　労働問題検討委員会『2018年労働事件ハンドブック』労
働開発研究会、141頁
15 中根製作所事件（東京高判平12年7月26日）
16 広島地福山支判平14年2月15日
17 鞆鉄道事件（広島高判平16年4月15日）

上記各事情が重要であることを説明する等、適切な対応をすべき場合もあるかもしれません。

　また、労働協約が特定の組合員等を殊更不利益に取り扱うことを目的としている場合、労働組合の目的を逸脱しているとして、その特定の組合員等への効力が認められないと判断した判例[18]もあります。職務給を全労働者へ導入する場合、特定の組合員を狙い撃ちした不利益取扱いと認定される可能性は少ないとも思われますが、導入の際にあらためて制度設計を確認する必要があるでしょう。

18　朝日火災海上保険事件（最判平9年3月27日）

Q30　就業規則の変更による導入の要件

> 就業規則の変更により賃金制度を変更することはかなり難しいと聞きましたが、導入する際のヒントを教えてください。

A　就業規則の変更により職務給を導入するということは、会社が一方的に労働者の賃金を変更するということであり、それによって大きな不利益を伴う可能性もあります。したがって、それを受忍できるような十分な理由がなければ効力が否定されることを理解して、慎重に検討すべきです。

　　この点、職務給導入により、労働者の賃金が減額される場合のその程度、職務給導入をすべき必要性の大きさ、代償措置や経過措置等により不利益の緩和が図られているか、といった事情に特に注意して検討することが有用であると考えられます。

【解説】

■ 不利益変更の要件

　労働契約法10条は、就業規則の変更による労働条件の不利益変更について、次のように定めています。

【労働契約法10条で定められている、就業規則の変更により労働条件を不利益に変更するための要件】

①　会社が変更後の就業規則を事前に周知している

　かつ、

②　就業規則の変更が合理的であると認められるような状況の下で就業規則を変更した場合

　②の「変更の合理性」について考慮される事情

　　・労働者の受ける不利益の程度

　　・労働条件の変更の必要性

- 変更後の就業規則の内容の相当性
- 労働組合等との交渉の状況
- その他の就業規則の変更に係る事情

　労働契約法の制定以前は、就業規則の変更による労働条件の不利益変更の効力の有無について、判例法理に基づいて判断がされていました。労働契約法10条は、この判例法理を整理して法定したものであり[19]、同法の制定以前と以後で判断方法、考慮要素が著しく変わったということではありません。

　就業規則変更による労働条件変更の有効性に関する判例法理の到達点とされているのは、第四銀行事件判決（最判平9年2月28日）です[20]。

【第四銀行事件判決が示した法理】
　一方的に不利益な労働条件を課す就業規則の作成、変更は、以下の各事情を総合考慮して就業規則の当該条項が合理的であることが必要
　①　就業規則の変更によって労働者が被る不利益の程度
　②　使用者側の変更の必要性の内容・程度
　③　変更後の就業規則の内容自体の相当性
　④　代償措置その他関連する他の労働条件の改善状況
　⑤　労働組合等との交渉の経緯
　⑥　他の労働組合又は他の従業員の対応
　⑦　同種事項に関する我が国社会における一般的状況等

　労働契約法10条で示されている考慮事由と比較すると、④代償措置その他関連する他の労働条件の改善状況も考慮する点で異なるよ

19　菅野和夫『労働法（第12版）』弘文堂、213頁
20　菅野和夫『労働法（第12版）』弘文堂、203頁

うにもみえますが、労働契約法10条に基づく判断においても、当該事由は「変更後の就業規則の内容の相当性」の一事情として考慮することができますので、労働契約法制定により考慮事由の範囲が変更されたわけではないと考えられます。

② 各考慮事由の分析

労働契約法10条に定められている各考慮事由について、順番に分析します。

（1）労働者の受ける不利益の程度

労働者の受ける不利益の程度については、様々な要素が関係しますが、ここでは不利益の種類、個別の労働者の不利益の程度、労働者全体の不利益の程度という各要素に分解して検討します。

ア　不利益の種類

一口に就業規則変更による労働条件の不利益変更といっても、賃金の減額、労働時間の増加、有給休暇の削減など、様々な種類があります。そのなかで、労働の対価である賃金や、賃金の後払い、功労報償、生活保障等の意義がある退職金は、一般的に、特に重要な労働条件であり、これらについての不利益は特に重大な不利益であると考えられます。

また、労働時間も、提供すべき労働の量に関係し、また時間外手当の金額に影響を及ぼすため重要な労働条件といえ、休日や休暇といった条件も同様の理由で重要といえますから、これらについての不利益は、賃金、退職金に関連する不利益に次いで重大な不利益と考えられます。

一つの整理として、不利益の種類ごとにその重要性を図式化すると、以下のようになります[21]。

> 【労働条件の不利益の種類…上のものほど重大な種類の不利益】
> ① 賃金（基本給、賞与）、退職金に係る不利益
> ② 労働時間、休憩時間、休日、休暇に係る不利益
> ③ 就業場所、業務内容、労働者の安全・衛生、職業訓練、表彰・制裁、休職等の労働基準法15条で明示が義務付けられている条件（①～③に係る不利益を除く。）に係る不利益
> ④ 福利厚生に係る不利益

　職務給を導入するにあたり、労働者の賃金の減少を伴う場合には、上記で整理した不利益の各種類のうち、特に重大な種類の不利益を伴うこととなり、退職金についても従来の定め方から変更してその金額が減少することがあり得るということになれば、やはり特に重大な種類の不利益を伴うということになります。

　また、職務給の導入と同時に、職務調査、職務分析の結果を活用して労働時間や業務内容等の改革も実行したり、各種手当の整理・賃金への一本化等を行う場合、労働者は賃金、退職金以外の種類の不利益も被ることになります。特に、労働時間、休憩時間、休日、休暇に係る不利益は、賃金等に次いで重大な不利益の種類と考えられますので、そのことを踏まえて慎重に職務給の設計をする必要があります。

イ　個別の労働者の不利益の程度

　個別の労働者が被る不利益の程度、つまり、各労働者の賃金が具体的にいくら減少するのか、労働時間が何時間増えるのか、業務負担がどの程度重くなるのかという事情は、当然ながら非常に重要な事情といえます。

　職務給の導入により労働者の賃金が減額すること自体は避けられ

21　石嵜信憲ら『就業規則の法律実務（第5版）』中央経済社、173頁参照

ないとしても、その減額の幅を小さなものにとどめられるのであれば、不利益の程度は小さいと評価されやすくなります。職務給導入の意味がなくならない範囲で、減額幅が過大になってしまう労働者が出ないように職務給を設計することができれば、就業規則変更の合理性が認められやすくなるといえます。

ウ　労働者全体の不利益の程度

　労働者全体でどの程度の不利益があるかという事情もまた、裁判例上考慮されています。

　ノイズ研究所事件控訴審判決（東京高判平18年6月22日）では、成果主義、能力主義賃金の導入に関して、一部の労働者が不利益を受ける一方で、一部の労働者はむしろ賃金が増額されるなど利益を受ける事案において、賃金原資総額が減少されるものではなく、配分の仕方をより合理的に改めようとするものであれば、労働者に大きな不利益を与えるものではないということを前提として判断されています[22]。ただし、人件費総額を減少させなければ、どのような賃金設計でも許容されるというものではありません。

　なお、人件費総額が著しく減少するような賃金設計をした場合、労働者全体で考えたときに大きな不利益があることが重くみられ、就業規則変更の合理性が認められにくくなるおそれがありますので、人件費総額がどのように変動するかを意識した賃金設計を行う必要があります。

（2）労働条件の変更の必要性

　労働条件の変更の必要性については、判例、裁判例上2つの基準があると整理できます。

22　白石哲『労働関係訴訟の実務（第2版）』商事法務、181頁

【労働条件の変更の必要性の基準】

①　労働条件変更の「高度の必要性」があるか否か
②　労働条件変更の「特別の高度の必要性」ないし「極度の必要性」があるか否か

ア　高度の必要性

　大曲市農業協同組合事件（最判決昭63年2月16日）において、最高裁は、「特に、賃金、退職金など労働者にとって重要な権利、労働条件に関し実質的な不利益を及ぼす就業規則の作成又は変更については、当該条項が、そのような不利益を労働者に法的に受忍させることを許容できるだけの高度の必要性に基づいた合理的な内容のものである場合において、その効力を生ずるものというべきである。」と判示しました。その後の最高裁判例でもこの考え方が踏襲されています[23]。

【「高度の必要性」が認められた判例、裁判例における、高度の必要性の内容の概要[24]】

①　労働条件の異なる組織が合併した場合の労働条件格差の是正、単一の就業規則作成の必要性（大曲市農業協同組合事件）
②　定年延長の必要性と、それに伴う人件費の増大、人事の停滞（第四銀行事件最高裁判決）
③　行員の高齢化、賃金水準の高さ、経営体質に弱点を有していたことなどを理由とする、賃金抑制、経営改革の高度の必要性[25]
④　労働者の高齢化とともに年功給が高額化し、これが労働生産性の低下や労働者のモチベーションに影響するようになっ

23　白石哲『労働関係訴訟の実務（第2版）』商事法務、183頁
24　白石哲『労働関係訴訟の実務（第2版）』商事法務、184頁
25　みちのく銀行事件（最判平12年9月7日）

ているという事案において、年功給から個々の労働者の稼高
に応じて支払われる奨励給へ変更することの高度の必要性[26]

　職務給の導入により、一部の労働者の賃金や退職金が減額される
場合、最高裁がいうところの「労働者にとって重要な権利」の不利
益変更があり、労働条件変更の「高度の必要性」が求められること
となります。「高度の必要性」は字義と異なり、実際には過度に高
いレベルのものではないとの指摘もありますが[27]、労働者間の実質
的な平等が従前の賃金体系では達成できないこと、労働者の高齢化
や賃金水準の高さが会社の存続に悪影響を与え得るため職務給を導
入する必要があるなど、労働条件変更の必要性がどのような点にあ
るかをあらかじめ分析しておく必要があります。

イ　特別の高度の必要性ないし極度の必要性

　みちのく銀行事件において、最高裁判決は、「企業においては、
社会情勢や当該企業を取り巻く経営環境等の変化に伴い、企業体質
の改善や経営の一層の効率化、合理化をする必要に迫られ、その結
果、賃金の低下を含む労働条件の変更をせざるを得ない事態となる
ことがあることはいうまでもなく、そのような就業規則の変更も、
やむを得ない合理的なものであるとしてその効力を認めるべきとき
もあり得るところである。特に、当該企業の存続自体が危ぶまれた
り、経営危機による雇用調整が予想されるなどといった状況にある
ときは、労働条件の変更による人件費抑制の必要性が極度に高い上、
労働者の被る不利益という観点からみても、失職したときのことを
思えばなお受忍すべきものと判断せざるを得ないことがある」とし
ています。
　また、同判決の調査官解説[28]は、「（同事案における）賃金の削減

26　県南交通事件（東京高判平15年2月6日）
27　白石哲『労働関係訴訟の実務（第2版）』商事法務、186頁
28　『最高裁判所判例解説民事篇 平成12年度』745頁

率に照らすと、このような大きな不利益を正当化するに足りる必要性は、特に高度なものを要するのではないかとも考えられる。例えば、いわゆる本格的なリストラを行っており、雇用危機にあるような企業では、場合によっては、職を失うよりは、半額の賃金でも雇用が保証された方が合理的であるという評価ができるときもあり得なくはないであろう。」と言及しています。

　特に労働者が大きな不利益を被る労働条件変更については、「高度の必要性」があるだけでは足りないが、会社が倒産の危機に瀕しているなど、「特別の高度の必要性」ないし「極度の必要性」がある場合には、変更の有効性が認められる余地があると考えられます。

　職務給の導入にあたっても、賃金減額の幅が大きいなど、労働者の不利益の程度が特に大きいと評価される場合には、「高度の必要性」が存在するだけでは不十分となる可能性があります。そのような職務給の設計をせざるを得ない場合には、労働者に不利益を受忍してもらうだけの「特別の高度の必要性」があるのかを見極める必要があります。

（3）変更後の就業規則の内容の相当性

　変更後の就業規則の内容の相当性については、特定の層の労働者に対して特に大きな不利益を及ぼすものかどうか、代償措置や経過措置の有無、関連労働条件の改善がなされるかどうか等が考慮されます。

　特定の層の労働者に対する不利益については、職務給の導入の場合、例えば、高齢の労働者に対して特に大きな不利益を及ぼすものと評価される設計をしてしまうと、相当性が否定されるおそれがあります。そのため、高齢層、中間層、若年層のどの層をみても合理的な範囲での変更となっているような設計が求められるといえます。年齢以外でも、性別、業務部門等、様々な基準で層を想定することができますが、いずれについても、特定の層の労働者に対して

特に大きな不利益を及ぼす設計になっていないかという点に気を配る必要があります。

　職務給の導入にあたり、労働者の賃金の減額を伴うことを避けられなかったり、結果として特定の層の労働者に対する不利益が大きくなってしまうこともあるかと思います。その場合に、労働者が被る不利益を一時的、短期的に和らげる代償措置や、新しい賃金体系の下での賃金額への移行の一部を数年かけて段階的に行う経過措置を行ったり、関連労働条件を改善したりすることで、相当性が否定されにくい設計にすることができます。

（4）労働組合等との交渉の状況

　労働組合等との交渉の状況については、第四銀行事件判決で、最高裁が、不利益変更について過半数組合との合意が得られれば、変更の合理性が一応推測されると判示していることから、過半数組合との合意の有無が非常に重要な事情と評価する考え方もあります[29]。

　しかし、全体的な裁判例の傾向としては、多数組合との合意や誠実な交渉がなされたという事情は、あくまで変更後の就業規則の内容について適切な利害調整がなされたことを推認させる一事情にとどまり、少なくともこの事情のみで変更の合理性が推認されるわけではないとの分析もあります[30]。

　そのような議論があるところではありますが、職務給の導入において、主要な労働組合と話し合って導入について合意し、労働協約を締結することができれば、（変更の合理性が推認されるというところまでいえるかはともかくとして）非組合員に関する就業規則の変更の合理性が認められやすくなるといえます。労働組合と誠実に話し合い、適切な利害調整を行い、合意を得ることは非常に重要です。

29　石嵜信憲ら『就業規則の法律実務（第5版）』中央経済社、178頁
30　白石哲『労働関係訴訟の実務（第2版）』商事法務、189頁

職務給の導入により賃金が減額される労働者に対し、何らかの配慮が必要ですか。

A 職務給の導入の際に賃金が減額されることになる労働者に対して、導入直後の不利益を緩和するため、経過措置を講じるなどの配慮が必要です。

【解説】

1 経過措置の検討

職能給と職務給とでは、各労働者の賃金の相当額を算定するにあたっての基本的な考え方が大きく異なりますので、労働者によっては職務給の導入により賃金が著しく減少することもあり得ます。

こうしたことは、労働者の生活に大きな影響を及ぼしますので、当然に何らかの配慮が必要になり、不利益変更を緩和するための経過措置を検討することになります。

また、このような場合に、当該労働者や労働組合に納得してもらい、円滑に職務給を導入するために、特に就業規則の変更による場合には、訴訟で変更の有効性が否定されてしまうリスクを軽減するためにも、経過措置を活用すべき場面があり得ます。

2 経過措置の具体的方法

経過措置の具体的な方法としては、当初は従来の賃金水準を保つこととして、その後数年間で段階的に賃金を下げて、職務給による金額まで緩やかに移行させる方式が一つ考えられます。また、職務給の導入後数年間だけ、職務給に基づく賃金に加えて、以前の賃金との差額も支払うという方法も考えられます。

いずれの方法においても、職務給に基づく計算上相当な水準の賃金を超えて企業が負担するという措置ですので、職務給の設計時点において、①どれくらいの規模の負担なら企業にとって現実的といえるのか、②労働者や労働組合の納得を得るためにはどの程度の額の経過措置が必要となりそうか等について、事前に検討すべきと考えます。

3 裁判例

　経過措置について、参考となる裁判例を挙げます。ノイズ研究所事件では、成果主義賃金制度の導入にあたり、制度変更後1年間は賃金の差額全額、2年目は差額の半分がそれぞれ支払われ、それ以降は経過措置は行わない、という措置がとられました。このような経過措置について裁判所は、いささか性急で、柔軟性に欠けるきらいがないとはいえないと評価しつつも、緩和措置としての意義を否定することはできないとして、他の事情をも考慮した上で就業規則の変更の合理性を認めました。

　この事案は一つの参考にはなると思われますが、企業の事情や労働者の不利益の程度等の事情により、どの程度の経過措置をとるのが妥当といえるかは、あくまで個別に検討する必要があります。

【コラム㉗】経過措置は賃金総額を膨らませる？

　新たな賃金制度へ移行する際には、移行原資及びその後の賃金総額が気になるところです。

　職務遂行能力を基準とする職能資格制度の場合は、その特性上、年功賃金的性格が強く、職能を基準とした制度である限り、制度変更をしても大きく賃金が減額されることがありません。そのため、新制度への移行において、移行前の賃金水準がある程度保たれることになり、賃金原資が必要となることが少なからずあります。

　しかし、新たに職務等級制度に移行した場合、当然、労働者の賃金は、職務価値に応じた額となります。つまり、職能資格制度のなかで、職務価値が低いにもかかわらず、年功により賃金が上昇してきた労働者（特に、中高年労働者）については、職務評価により適正に格付けされた職務等級区分での賃金額となることで、減額されることになります。したがって、職能資格制度から職務等級制度への移行に際しては、現賃金が減額となる労働者が比較的多く出現することになります。同時に、現賃金が増額される中堅、若手労働者が現れます。

　減額となった労働者に対し、緩和措置を講じるのは当然ですが、増額となった中堅、若手労働者についての増額原資は、減額されることになる中高年労働者の原資を充当でき、必ずしも移行原資及びその後の賃金原資総額が膨れるということはありません。高齢化が進んでいる組織の場合、むしろ賃金総額は減少、その後の定員管理によって総額人件費管理ができるようになるなど、経営的視点からはメリットのほうが大きい可能性も高くなります。

（西村　聡）

第5章

職務給の運用と法理

本章のねらい

本章では、職務給を導入した企業が職務給を実際に運用するなかで生じ得る問題について、検討を行います。

Q32 管理職の権限

　管理職の権限について、職務給の場合には特別な考慮が必要ですか。

A　管理職の権限を明確にするとともに、評価者として適切な評価を行うことができるよう教育するなどの配慮が重要です。

【解説】

1 管理職の権限

　企業によって役職の名前は様々だと思いますが、一般的に管理職とは部下や業務の管理を担う立場のことをいいます。

　労働者を管理職に任ずる場合には、職務記述書で職責を明確にするだけでなく、職務権限規程などを作成して管理職としての権限を他の労働者に対しても明確にしておくことが必要であると考えられます。管理職としての権限を明確にすることで、担当者自身にとっても自身の職務が明確になりますので、無用な紛争を避けることも期待できます。

　管理職は労働者の業績を評価し、評価に基づいた人事権を行使することが期待されていますが、無制限の裁量権が認められているわけではありません。当然のことながら、労働者の業績を査定するにあたっては、公正・公平な評価を行うことが求められます。

　したがって、管理職を選任する場合には、その権限を明確にするとともに、管理職となる担当者自身に対しても業績評価や査定の方法を教育する必要があります。特に、具体的な評価基準を作成して管理職に周知しておくことは極めて重要です。

2 管理監督者

　いわゆる管理監督者については労働基準法や裁判例によって該当基準が定められており、管理監督者に該当する場合には時間外労働の割増賃金の支給対象にならないなど、一般の労働者と異なる取扱いを受けることになります[1]。

　管理監督者に該当するか否かは労働基準法41条2号記載の「事業の種類にかかわらず監督若しくは管理の地位にある者」に実質的に当てはまるかどうかが重要で、経営者と一体的な立場にあるといえるかが問題となります。

　具体的には、以下のような要素を考慮して判断されます。

---

① 　経営に関する意思決定に関与しているか
② 　人事権等の労務管理に関する指揮監督権限を有しているか
③ 　自身の出退勤や業務量に広範な裁量権を有しているか
④ 　地位にふさわしい待遇が与えられているか

　したがって、名目上は「部長」などの肩書きが付されていたとしても、それだけで管理監督者としての地位を有するわけではありません。

　いわゆる「名ばかり管理職」と非難されるケースには、肩書き上は「部長」や「店長」などの管理監督者のような名称が付されていながら、実際には経営への参画が許されていなかったり、人事権を与えられていなかったというような事情が散見されます。

　管理監督者に該当するかという問題は訴訟で争いになることも多いため、管理職を選任する場合には、この点についても注意をする必要があります。

1　労働基準法41条2号、昭22年9月13日基発17号、昭63年3月14日基発150号

【コラム㉘】職務評価と人事考課の関係

　一人の労働者によって生み出される、一企業の経営における価値は、その労働者の従事している職務を通じて発揮されることになります。したがって、その価値は、第一に職務の価値そのものに制約されることになります。第二には、その職務の要求する能力をどの程度発揮したかという能率に依存します。前者を評価するものが職務評価であり、後者を評価するのが人事考課となります。

　職務評価によって経営内部における職務の価値序列ができあがり、当該労働者の従事する職務が占める当該企業の経営における価値が明確となり、さらにその職務において労働者の発揮した能率が正確に測定されると、初めて当該労働者が占める当該企業の経営における相対的価値が測定されることになります。

　このように、職務評価と人事考課は密接な関係にあります。たとえ職務評価を実施しても、人事考課が実施されなければ、労働への刺激を失うだけでなく、真実の価値は評価されないことになります。また、人事考課制度がいかに整備されていても、職務評価が実施されていなければ、職務そのものの価値が明確でないことから基礎的価値を欠くことになり、人事考課を実施する意味が減殺されることになります。

　職務評価は人事考課をすることで初めて最も有効な結果をもたらすもので、人事考課は職務評価を前提とするものです。したがって、両制度をあわせて完備したとき、初めて有効な人事管理が可能となるのです。

（西村　聡）

【コラム㉙】職務等級制度と業績管理（パフォーマンス・マネジメント）

　職務等級制度では、職務の内容や責任範囲が職務記述書によって明らかとなり、個人の主観的な思いが入ることはありません。そして、組織構造に合わせ、それぞれの組織階層ごとに定められた目標を設定します。また、組織階層を定めにくいフレキシブルな組織であれば、業務プロセスにおいて目標を設定します。

　日本では、業績管理と目標管理が混同されていますが、アメリカでは区別され、目標管理の対象者が管理者以上であるのに対して、業績管理は全組織構成員です。

　また、目標管理が量的なパフォーマンス測定を重視するのに対して、業績管理では質的なパフォーマンスやプロセスも重視することや、日常的なフィードバックやコーチングを重視する点などの違いがあります。

　なお、プロセス展開表を活用した新しい職務分析手法では、組織目標から個人目標まで、プロセスを通して明確にブレークダウンすることができます。また、重要目標（課題）については、目標体系表（次頁図表5-1）を活用し、業績指標による管理ができます。

　経営環境の変化に合わせて目標を変更する場合もあります。これは職務記述書の内容変更にあたり、場合によっては職務等級区分（グレード）の変更につながることから、実行にあたっては注意が必要です。

　目標管理は業績管理の一部であり、賃金や賞与の増加や、将来的な昇進の機会などに結びつきます。したがって、根拠がないような前年対比何％というような非現実的な高い目標の設定は、労働者のモチベーションを低下させ、始めから目標達成を

部署名　●●事業部　営業部

事業部目標	目標（改善取組）	達成度	業務コード／業務名	成果指標
【前期実績収支】	【収支】		新規工事受注	受注売上額
売上額	売上			積算粗利額
粗利額	粗利		保守契約	受注売上額
粗利率　　　％ 以上	粗率			積算粗利額
経常利　　　以上			改修／建替工事受注	受注売上額
				積算粗利額
【次期収支】	【成長】		××式●●設備	引合い件数
R1　売上情報量	（開発商品）		商流受注	製造販売に関する
粗利情報量	需要商品調査			ノウハウを習得す
				る事を目的とする
	（市場開拓）		○○地区図面折込	折込実績件数
R2　売上情報量	設計折込　×件			
粗利情報量				
【生産】				
販　管　　　　　以内			PR販促	有効訪問件数
人　員　　　　　名以内				
労　働　　　　　％ 以上				
【成長】	【次期情報】		新規工事受注	受注売上額
既存機種　　×××基準適合	（R1）			
開発商品　　需要調査	売上			積算粗利額
開拓市場　　○○市場開拓	粗利			
他社案件建替え			保守契約	受注売上額
コスト減（原価）予算対比　％ DN				積算粗利額
（工数）実績対比　％ DN			改修工事受注	受注売上額
【品質】				積算粗利額
苦　情　　人に起因する件　0件				
不具合　　　件以内	（R2）		新規工事受注	受注売上額
損　金　　　万以内	売上			
	粗利			
【組織】				
（拠点政策）				
無人部品供給体制の確立				
エリア体制とコストの見直し				積算粗利額
（人材育成）				
○○部人員増				
東京　　　名（中途）				
本社　　　名（中途）			保守契約	受注売上額
				積算粗利額
			改修工事受注	受注売上額
				積算粗利額
	【品質】	件数		営業員対応遅れに
	苦情　　　0件			対する苦情件数
	【組織】	報告	▲▲営業所縮小	営業所家賃減額
	拠点コスト検討		（費用対効果見直し）	

現状値	目標値	達成度	先行指標	現状値	目標値	達成度
			短期建替え案件粗利追加額　＊社外品 OK ＊			
			（新規工事受注不足分）1 課：作図・見積／2 課：情報収集・提案・交渉			
			新規物件の保守契約件数			
			既存契約物件の解約件数　（廃業除く）			
			提案見積提出額（情報量）			
			見積提出後の決定率（受注率）			
			引合いに対し、見積（他メーカー）			
			他メーカーの選定（××社協力依頼）			
			他メーカーよりノウハウの習得			
			××××××リターン訪問			
			××事務所リターン訪問件数			
			企画図面協力（提案）			
			概算見積件数			
			確認申請図面協力			
			新規××××××訪問件数			
			新規××事務所訪問件数			
			他社メーカー情報共有訪問頻度（販売依頼）			
			○○地区顧客リストの整備			
			◇◇設計へ商業ビルへの折込 PR			
			新規××事務所顧客開拓数			
			実績××事務所への企画提案図（VE 案）			
			新規××××××PR 訪問件数			
			担当実績××××××への PR 再訪問率			
			未契約物件の再契約件数			
			顧客満足度調査訪問率（契約物件）			
			修繕提案件数（修繕計画表作成）			
			提案見積提出額（情報量）			
			提案訪問件数（管理会社・オーナー）			
			提案出席件数（理事会・総会）			
			近隣×××調査＋交渉			

諦めるという事態を引き起こしかねません。そのため、労働者が期間中に挑戦すれば目標達成が期待できる、適切なレベルでの設定が望まれます。

　ただ、欧米における業績管理システムのなかで、目標管理制度は意味を失ってしまっています。この背景には、目標の内容や目標の定量化の難しさがあること、労働者の目標達成のための環境整備に注意を払うのと同様に、目標設定プロセスにも注意を払う必要があるにもかかわらず、これを怠ったことから心理的負担をかけるだけのものになってしまったことがあります。これは、欧米においても経営目標を達成するための業務プロセスと職務、課業が既に連動していないことを示しています。一方、目標管理以外の業績管理においても同じことが起こる可能性があることも理解しておかなければならないでしょう。

（西村　聡）

　職務給の場合、労働者の業績評価が法的に問題となるのはどのような場合でしょうか。

Ａ　評価の基準が不明確であったり、評価の根拠がない場合には裁量権の濫用とされることがあります。

【解説】

1 業績評価の重要性

　労働者に対する業績評価は、労働者個人の業績を評価・査定することであり、職務給を導入し、これを効果的に運用していくにあたって極めて重要なものとなります。

　職務給は、労働者の職務とそれに応じた成果に対して賃金が支払われることに意義がありますが、業績について適切な評価が行われなければ労働者の納得を得ることも困難となりますし、職務給を導入した意義が失われることにもなりかねません。

　したがって、職務給を運用するにあたっては、職務の明確化を前提とした上で業績を適切に評価し、業績に基づいた賃金が支払われることが求められます。

2 業績評価の法的規制

　業績に対してどのような評価をするかといった判断は、基本的には企業の経営判断であり、企業側に裁量権があるとされています。裁判例においても、業績評価の不当性を認定することには消極的なものが多く見受けられます[2]。

　一方で、業績の評価が労働者にとっても極めて重要な事柄であることはいうまでもなく、企業側に裁量権があるとはいっても、裁量

権の濫用であるとみなされるような評価は許されません。

特に、労働者の国籍や信条、社会的身分、性別などを理由とした差別的取扱いは労働基準法上も禁じられています[3]。

業績の評価を行う上では公正・公平な評価を行うことが重要で、不公正・不公平な評価は損害賠償等を請求される可能性もあります[4]。

❸ 評価の方法

前述の通り、業績評価については企業側に裁量権があるとされていますが、評価の基準が定められていることが必要であり、評価の根拠となる事実がない場合には、裁量権の範囲を逸脱したものと判断されることがあります[5]。

職務給の場合、業績評価の前提として、職務分析に基づいた職務の明確化を行うことが前提と考えられます。職務分担の明確化は労働者にとっても職責を自覚させることにつながり、評価権者にとっ

---

2 光洋精工事件（大阪高判平9年11月25日）は、職能資格制度における事案ですが、人事考課の適否について、評価の前提となった事実について誤認があるとか、動機において不当なものがあったとか、重視すべき事項を殊更に無視して重要でない事項を強調するなどのように、評価が合理性を欠き、社会通念上著しく妥当を欠くと認められない限り、これを違法とすることはできないと判断しました。

3 労働基準法3条、同法4条

4 芝信用金庫事件（東京高判平12年12月22日）は、昇格及び昇進について女性であることを理由とした差別があったとする主張について、昇格試験の制度自体には不公正とすべき事由は見出せないとしつつ、評定者が男性職員に対してのみ人事考課において優遇していたものと推認して昇格に関する差別の存在を認定し、女性職員が差別を受けることなく男性と同様な優遇措置が講じられれば昇格試験に合格していたと認められる事情があるとして、女性職員の昇格を認めるとともに、昇格における差額賃金及び慰謝料等の支払いを認めました。この裁判例は職能資格制度における事案ですが、差別的な評価が不相当と判断される可能性については職務給においても妥当すると考えられます。

5 日本システム開発研究所事件（東京高判平20年4月9日）においては、使用者は、労働者の人事評価について原則として裁量権を有するとして、評価の基準や方法などは、事業の内容、社会情勢、人事政策など諸般の事情を考慮して、使用者において随時適切な基準、方法を選択し得ると判断しています。

ては公正・公平な業績評価を行うために必須といえる作業で、労働者の勤務態度を評価する基準となります。

　もし職務の明確化が疎かになり、評価の基準も不明確であるような場合には、万が一に裁判等になった場合、適切な評価が行われていない不当な査定であると判断されてしまう可能性もあります[6]。

　公正な評価を行うためには、前もって考課基準を定めた上で、職務記述書に記載された当該労働者の具体的な職務について、基準に沿った評価を行うことが必要です（図表1-4参照）。

　また、評価に至る経緯は、客観的な資料として残しておくことが重要だと考えられます。仮に「業績評価が不当である」などといった紛争が生じた場合には、評価の基準となる資料や評価に至った客観的な根拠は、評価権者の査定が適切なものであったことを示すための重要な立証手段となるからです。

6　マッキャンエリクソン事件（東京高判平19年2月22日）は、成果主義的賃金体系の下で賃金等級7級（管理職）から6級（非管理職）に降級された労働者が、降級前の等級の労働契約上の地位を有することの確認及び降級前後の差額賃金を求めた事案において、賃金規程に「降級は例外的なケース」であって「通常の仕事をして、通常に成果を上げている人に適用されるものではありません」との注釈を加えていたことなどの趣旨に鑑み、降級を行うには賃金規程の基準に照らしてその根拠となる具体的事実を必要とし、その事実に基づき、本人の顕在能力と業績が、本人が属する資格に期待されるものと比べて著しく劣っていると判断することができることを要するとし、本件においては降級を認めるに足りる理由がないとして、降級処分は裁量権の範囲を逸脱したものと判断しました。この事案は職務等級を変更させたことを問題としたものですが、職務等級の変更がない場合であっても、業績を評価して査定を行う上では、客観的な基準や根拠が必要になると考えられます。

【コラム㉚】職務等級制度における人事考課

　職務等級制度における人事考課は、経営方針・目標、経営計画と連動して期待される個々の労働者の相対的能率と勤務成績を、合理的に作成された一定の考課要素に従って、直接上司が査定する手続きのことをいいます。

　この結果は、昇降級、昇降給、転任などの指標を提供するだけでなく、労働者の努力を促進させ、また当初の任用の可否を検討する手段として非常に重要なものとなります。

　職務等級制度では、職務分析と職務評価を通して、職務遂行に必要な労働者のスキルや知識、心身的条件を職務記述書及び明細書で明らかにしています。これらを保持した労働者が職務に配置されていることが前提となることから、職能資格制度のような労働者の潜在能力を含めた保有能力を業績評価のなかで評価することはあり得ません。このため、基本的には労働者が遂行した具体的な数量（能率）を評価の対象とします。

　しかし、すべての職務において数量（能率）による評価ができるわけではありません。そこで、職務によっては職務遂行能力を対象とする評価法が研究されました。アメリカではサービス・レイティングという用語があるように、労働者の資質、能力、態度なども評価しています。

　ただ、この方法には問題がありました。各労働者の特徴はその時々の環境に左右されるものであり、各人の示す態度に常に一定の性格を見出すことは困難です。したがって、評価者は想像を巡らせて評価せざるを得ず、その信頼性が乏しいことは明らかでした。

　そこで、客観的に観察し、記録することもできる職務行動に焦点をあてることになりました。さらに、相対的能率が表現できない成果について客観的な証拠及び事実によって評価する業

績報告（業績管理）が行われるようになりました。

　なお、正確性、信頼性、熱心さ（積極性）、協調性、企業意識（忠誠心）などの個人特性は、労働の成果を出す重要な要素であることから、評価の対象から除くことはありません。しかし、職務遂行能力同様に、評価の正確度は低いとされることから、業績（能率）評価より賃金への反映割合は小さくなります。

　「ジョブ型社会では（生産割当、標準能率などを定められた）一部の労働者を除けば仕事ぶりを評価されないのに対し、メンバーシップ型では末端の一般社員に至るまで評価の対象となること、そこが最大の違いである」とか、「ブルーカラー層に人事考課査定を実施することはなかった」と説明している識者もいます。

　確かに、欧米では、人事考課に対する労働組合の抵抗は大きく、これを実施していない企業も存在しています。しかし、このような曲解で職務給への誤解を生じさせているとすれば、残念なことです。職務給の歴史的な成立過程や、戦後まもなくから現在に至るまでの過程において、ブルーカラーの評価制度を調査、解説した資料が事実として存在します。職務給ゆえに人事考課は不要などということはありません。

　なお、日本においても、賃金制度にかかわらず、管理職以上にしか評価制度を導入していない企業もあります。

（西村　聡）

【参考資料】
淡路圓治郎『アメリカの労務管理』ダイヤモンド社、1952年
金子美雄『アメリカの賃金決定』日本生産性本部、1961年
大池長人『現代の賃金管理』森山書店、1968年
日本経営者団体連盟『アメリカの職務給』日本経営者団体連盟弘報部、1965年
労働省・通商産業省・米国労働省編『日米両国の賃金事情』1966年
笹島芳雄『最新アメリカの賃金・評価制度』日本経済新聞社、2008年
藤内和公『ドイツの人事評価』旬報社、2017年

人事考課表　（●●事業部　営業中級職）

				評価対象年度
				令和●年上期

能力要素		定義	着眼点	自己評価
業績	業績（量）	仕事を遂行した結果の度合い、量的な充足度	担当課業における成果指標とその達成度（目標達成度で評価される課業以外）	1・2・3・4・5
	業績（質）	仕事の仕上がり程度、結果の質的出来栄え		1・2・3・4・5
	目標達成度	個人設定目標の達成度	目標体系表及び重要課業として設定された成果指標の達成度	1・2・3・4・5
ジョブスキル（管理職以外）	判断力	情報を比較したり、識別、評価、総合化したり、状況、条件に適合した仕事の方法、手段を決めたり、変化への適切な処置をする力	工務部（消火設備業者）同行での現場打合せ、その際の質疑対応	1・2・3・4・5
			新規有力顧客（××事務所・××××××・☆☆）をリストUPし、リストを作成する	
			××××××ごとに現状を把握、積極的に販促を行うか判断する	
			（略）	
	交渉力	仕事を進める上で、他人と折衝したり、自分の意図、考え方を相手に伝え、理解、納得させる力	●●工業会や各役所等へ訪問して質疑確認	1・2・3・4・5
			実績××事務所へ訪問（調査）現状の××・設計事務所の動向や勢いなどを把握	
			××××××訪問時に『メーカーメンテ契約のすすめ』の有利性をPRする	
			（略）	
	企画力	職務を遂行するため、その方法、手段を効果的に取りまとめ、展開する力	採用されなかったVE案の再度検証、次回に活用する	1・2・3・4・5
			アンケートの内容検討、作成（××事務所・××××××向け）	
			カタログ（PR資料）の内容検討・決定	
			（略）	
セルフコントロール（管理職以外）	規律性	日常の服務規律やマニュアルの遵守度合い	例外なくTPOに応じて正しい服装を守っている	1・2・3・4・5
			事前の申請等必要な期限を遵守している	
			服務規程への理解、実施状況が社員の模範見本になっている	
	積極性	改善提案、継続的なチャレンジ、自己啓発など今以上のレベルへ向かう意欲、姿勢	難度のある業務指示、課題に対しても積極的に取り組んでいる	1・2・3・4・5
			従来手法に固執せず、創意工夫して業務に取り組んでいる	
			普段から問題意識を持ち、上司、周囲へ前向きな提案をしている	
	責任性	自分の役割を自覚し、期待されるもの、求められるものへ全力を傾注し、果たそうとする行動	常に仕事の質、効率向上を意識して、できる努力は惜しまない	1・2・3・4・5
			自己都合より、可能な限り職場、顧客の都合を優先している	
			ミスについて責任回避、転嫁せず、わが事として回復に取り組んでいる	
	協調性	チームの一員として、他人の守備範囲にも取り組もうとする行動	組織全体の目標達成に貢献する視点に立って仕事を進めている	1・2・3・4・5
			自己価値観に固執せず、全体状況を把握し円滑に事を進めている	
			節度と礼儀をもって周囲とコミュニケーションを取っている	

部署（課）	被考課者		一次評価者	二次評価者
営業1課				

一次考課	二次考課	ウェイト	決定	一次考課者コメント
1・2・3・4・5	1・2・3・4・5			
1・2・3・4・5	1・2・3・4・5			
1・2・3・4・5	1・2・3・4・5			
1・2・3・4・5	1・2・3・4・5			
1・2・3・4・5	1・2・3・4・5			二次考課者コメント
1・2・3・4・5	1・2・3・4・5			
1・2・3・4・5	1・2・3・4・5			インタビュー記録
1・2・3・4・5	1・2・3・4・5			
1・2・3・4・5	1・2・3・4・5			
1・2・3・4・5	1・2・3・4・5			
	評点合計	100		最終評価 S・A・B・C・D

【コラム㉛】業績評価基準の妥当性の高め方

1．業績給と職務分析

　業績給とは、本給に対する追加的報酬としての昇給及び賞与のことをいいます。業績給制度での増加額決定のための業績評価基準として、完璧な妥当性を有するものを開発することは不可能です。しかし、職務等級制度を構築し導入するステップ（第1章参照）のなかで、報酬増額と関連する部分を確認、検証することで、組織における成果測定の運用上、認識される公正性や法的防御力を高めることになります。

　これらのステップを検証することは、業績評価基準がどのように開発されたかだけでなく、基準がどのように運用されたかを明らかにするということです。これは、基準がどのように使われているかが、基準それ自体と同様に重要なことであることを示します。

　なお、これらのステップから、業績評価を導入するためのプロセスにはコストがかかることがわかります。ただ、効率的な賃金理論の下、組織が労働者の成果を観察しようとすれば、管理コストが発生するものです。そのコストには、適正な成果測定が行われていることを確認するための時間やお金が含まれます。業績給制度導入を検討する際には、生産性向上に対する期待だけでなく、予想されるコストにも注意を払い続ける必要があります。

2．妥当性を高めるための3つの条件

　さて、業績評価の妥当性を高めるためには重要な3つの条件があります。

① 業績評価基準と評価を組織の戦略的な使命に結び付けていること
② 業績評価基準が職務分析を基礎としていること
③ 業績評価基準の開発に労働者が参画していること

①業績評価基準と戦略的な使命とのつながり

　まず、業績評価基準と評価を組織の戦略的な使命に結び付ける方法について述べます。

　組織の使命とは、上位クラスの意思決定者が、組織の戦略的な方向性に関するフィロソフィを表明したものです。そして、組織の使命をより具体的に表している「ミッション・ステートメント」を結果主義や行動主義での業績評価にどう転換し、業績指標とするかが重要になります。

　ミッション・ステートメントは、その組織が行う事業分野において、業績評価基準と評価を組織の戦略的な使命に結び付けることに活用でき、また考課者が、組織の理想とすべき最終結果を意識するために活用することもできます。

　しかし、業績指標をいくら設定しても、戦略が実現できないという話を多く耳にします。これは、業績指標と戦略の取り違えが起きているためであり、これを「業績指標と戦略の取り違えの誘惑」ともいいます。

　業績指標の目的は、戦略の実現にあります。しかし、組織成員は業績指標ばかりを追いかけるようになり、戦略を見失うことがあります。特に、業績指標と戦略が十分に整合していない場合は、企業にとって大きなダメージにつながります。その上、日本の多くの企業は、この現象を「結果（成果）主義」として業績指標までをも否定し、人間を尊重した組織開発に偏向していくという間違いを犯しています。

この取り違えを回避するためには、①戦略の策定に各部門の管理職を参画させ、理解をさせた上で業績指標を設定すること、②指標が達成すべき目標にとって完璧ではないことを理解し、指標と業績給を直結させないこと、③戦略から外れたり、取り違えを生じさせたりしないよう複数の指標目標を設定することが重要となります。また、報酬と直結していなくても、業績指標が存在するだけで取り違えが起きる可能性があります。このため、指標の有効性や妥当性の確認が必要となります。

②職務分析と業績評価基準

　業績評価の妥当性を改善するためには、業績評価基準が職務分析を基礎としていることが不可欠です。職務分析とは、職務の義務や要件を体系的に記述した職務記述書を作成する手続きをいいますが、残念ながら、多くの組織はこの原則に従っていません。

　業績評価基準を確立するために効果的な職務分析の1つの方法として、クリティカルインシデント法があります。この方法は、過去において見られた効果的な行動と、そうではない行動についてのリストを作成し、成果測定を確立するために使うというものです。これは、行動観察による行動頻度を尺度としたものといえます。クリティカルインシデント法を基礎としている業績評価基準は、業務との関連性が高いことから、業務とまったく関連していない評価基準と比べ、より正確な評価を実現する可能性が高く、より信頼性の高い評価を実現できることになります。

　プロセス展開表を活用した職務分析法（第1章参照）は、評価の信頼性を高めるだけではなく、展開表に書き表された課業と職務活動内容（行動）が、期待される結果（業績）に結びついています。これによって全体最適になるように構築された業務プロセスが動くことになるため、会社全体の業績をも向上させることが期待できます。

③業績評価基準の開発への労働者の参画

業績評価基準の開発には、業績評価の影響を受ける労働者たちを、成果基準の開発に関与させることが重要です。これは、次のような理由からです。

(ⅰ) 考課者が業績評価基準の開発に関与している場合には、評価基準の開発に関与していない考課者による評価結果と比べて、ハロー効果による評価ミスが少なく、収束的妥当性がより高くなります。

(ⅱ) 開発に関与した考課者は、そうでない考課者と比べ評価に対する満足度が高く、また改善の意欲も高くなります。

(ⅲ) 考課者を開発に関与させることは、業績給制度の総合的な効果を受け入れることと相互に関係があります。

(ⅳ) 最も推奨される方法として、困難を伴いますが、上級管理者の関与のもと、考課者だけでなく、より多くの労働者を開発のプロセスに関与させる方法があります。これにより、業績管理と報酬のシステムの改善が進むことになります。

以上のように、業績給制度のためには、考課者と被考課者の両方が評価基準の開発に参加すべきです。ただ、評価基準の開発には誰でも参加できるというものではなく、それなりのスキルやモチベーションが必要です。このため、評価基準を開発するためには、管理職と部下の両方を教育しなくてはなりません。なお、大きな組織になると、評価基準の開発に多くの労働者を関与させることは不可能です。そのため、管理職と労働者双方から代表者を出してタスクフォースをつくり、開発に参加させるなどの工夫が必要です。

上記の3つの条件のほかにも、多面評価や考課者訓練及び管理職能（業務）の徹底が効果的なこともあります。

（西村　聡）

業績評価についての具体的な内容を労働者に説明する必要は
ありますか。

A　職務給の場合には職責が明確であるため、労働者の自己評価と
　会社側の評価が食い違うと、大きな不満に発展する可能性があり
　ます。訴訟リスクを回避して効果的な運用をするためには、具体
　的かつ十分な説明が必要です。

【解説】

1 人事考課等の評価情報の法的性質

　個人情報保護法では、本人は、個人情報取扱事業者に対して、保
有個人データの開示を請求することができ、開示請求を受けた事業
者は、本人に対して遅滞なく保有個人データの開示をしなければな
らないとされています[7]。

　人事評価の結果や評価者のコメント等も「保有個人データ」に該
当すると解されており、本人から開示請求を受けた際には、原則と
して開示の対象になると考えられます。

　一方で、人事考課に関する情報を開示することが「業務の適正な
実施に著しい影響を及ぼすおそれがある」場合には、開示請求に応
じないことも認められています[8]。

　開示請求に対する適用除外に該当するか否かは個々の事案におけ
る具体的な事実によりますが、事業者の業務の実施に対して単なる
支障にとどまらず、より重い支障を及ぼすおそれが存在するような
例外的な場合に限定されると解されています[9]。

7　個人情報の保護に関する法律28条1項、同条2項本文
8　個人情報の保護に関する法律28条2項但書2号
9　個人情報の保護に関する法律についてのガイドライン（通則編）

上記の通り、労働者から人事評価についての開示請求が行われた場合であっても、業務の適正な実施に著しい影響を及ぼすおそれがあるといえるような場合には、開示請求に応じる必要はありません。

　ただし、どのような事項が非開示とされるかについて十分に定めておき、労働者等に周知させるための措置を講ずるよう努めることが求められています[10]。

❷ 人事考課の説明の適否

（1）説明するメリット・説明しないデメリット

　業績の評価は企業の裁量権の範囲に属する事項ではありますが、一切を秘匿することが企業側にとって必ずしもメリットがあるわけではありません。

　特に職務給の場合は、評価に至る経緯を説明したほうが労働者にとっても職務への理解を深めることにつながり、業務効率の改善やモチベーションの増加が見込めることも考えられます。

　一方で、職務給では職務記述書などにより職責が明確になっていますので、労働者の自己評価と会社側の評価が食い違った場合、賃金制度への信頼が揺らぎ、モチベーションの低下や会社への不満が増大することになりかねません。そうしたことから、他の賃金制度に比べて業績評価についてのより丁寧な説明が求められるといえます。また、十分な説明が行われない場合、労働者側から見れば、職務給では業績評価基準が明確ゆえ他の制度に比して不満を紛争にしやすい

10　雇用管理分野における個人情報保護に関するガイドライン（平24年5月14日厚生労働省告示357号）においては「事業者は、労働者等本人から開示を求められた保有個人データについて、あらかじめ労働組合等と必要に応じ協議した上で、その全部又は一部を開示することによりその業務の適正な実施に著しい支障を及ぼすおそれがある場合に該当するとして非開示とすることが想定される保有個人データの開示に関する事項を定め、労働者等に周知させるための措置を講ずるよう努めなければならない」とされています。

点があることに留意すべきです。

（2）根拠資料は保管し、経緯説明に備える

業績評価の相当性が争いになり訴訟等に発展した場合には、裁判所に対して評価に至る経緯についての主張・立証を行う必要が生じます。

このような場合においては、評価が適切であるということが具体的な資料等に基づいて説明できないと不当な査定であると裁判所から判断されてしまうことも考えられます。したがって、評価を行った根拠資料は適切に保管をした上で、評価に至った経緯も説明できるようにしておく必要があります（図表1－6参照）[11]。

11　コアズ事件（東京地判平24年7月17日）は、勤務態度や勤務状況が不良であることを理由としてなされた給与の減額について、会社側が人事評価関係書類としての情報を集積していなかった状況が窺われる等のことから、会社側において人事評価がどのような基準に基づいて行われていたのか、当該労働者に対して具体的にどのような人事評価がなされていたのかが証拠上明らかではないとして、給与の減額は無効と判断しました。

【コラム㉜】フィードバックと職務記述書の更新

　アメリカでは、雇用関係を結ぶ際、雇用契約書（あるいは「HANDBOOK for EMPLOYEE」）と職務記述書の交付が原則的な手続きとなりますが、その際には、契約内容に沿って、雇用者と被雇用者とで対等かつ真摯に話し合うことが求められます。

　また、契約後の業績評価におけるフィードバックは非常に重要で、労働者は当然、自身の明確な責任分野において常に上司に確認しながら、会社の期待に沿うよう業務を遂行しようとします。職務が曖昧な日本の労働者とは、フィードバックの位置付けがまったく異なります。

　日本においては、職務等級制度そのもの及び職務記述書の活用に対し、労働者は与えられた責任分野を超えようとせず、他者との助け合いもしないなどと批判されることもあります。しかし、今後ますます多様な働き方への取組みが求められていくなかで、これまでの日本的経営手法がどこまで通用するか些かの疑問があります。

　前述の批判にあるような事態が起きた場合には、是正のためのフィードバックすることが重要となります。そして、フィードバックと同時に、その内容を職務記述書に書き加えることで対応していきます。

　職務分析に基づきながら、現場に即して職務記述書を更新していくことで、職務等級制度における業績評価やフィードバックが有効に機能するということを忘れてはなりません。

（西村　聡）

Q35　採用時の注意点

　職務給の導入後に労働者を採用するに際して、注意すべきことはありますか。

Ａ　職務給の賃金制度について十分な説明を行い、職種や就業場所を限定する場合には合意事項を明確にしておく必要があります。

【解説】

1 労働条件の説明

　企業が雇用契約を締結しようとする際には、労働者に対して賃金や労働時間などを明示しなければなりません[12]。そして、労働条件の内容については労働者の理解を深めるようにしなければならず、できる限り書面によって労働契約の内容を確認すべきものと定められています[13]。

　特に就業場所や賃金に関する事項は書面等の交付によって明示することが義務付けられているため、口頭で告げることのみでは足りません[14]。そのため、労働者の採用時には条件を提示する書面として「労働条件通知書」などを使用している企業も多いと思います[15]。

　労使間で紛争が生じた場合、労働者側からは「自分の労働条件を正確に教えてもらっていなかった」という主張がしばしば行われます。このような状態は法的に問題があることは勿論のことですが、それ以前に、充実した業務や生産性の向上を望むことができないと

12　労働基準法15条１項
13　労働契約法４条１項、同条２項
14　労働基準法施行規則５条３項、同条４項。ただし、退職金や賞与、昇給に関する事項は除かれます。
15　平成31年４月１日からは、労働者の同意がある場合には、書面の交付に代えて、労働条件通知書の電磁的方法による交付が認められています（厚生労働省令112号）。

いう点で、労使ともに不幸な状態であると言わざるを得ません。

企業としての円滑な業務を可能にするためにも、労働条件については労働者に深く理解をしてもらうことが重要です。

賃金についての条件は労働者にとって最も関心が高い事項の一つであり、誤解を受けることがないよう丁寧に説明をすることが求められます。

特に職務給の制度は日本社会において未だ馴染みが薄い面もあることから、正確な理解を求める必要があります。従来の日本で一般的であった年功的な賃金制度ではなく、「職務」によって等級が区別される賃金制度は、「一般的に」考えられている賃金のイメージとは異なるとも考えられますので、書面等を用いて適切に説明をすることが求められます。

労働者の正確な理解が得られていない場合には、後に紛争等に発展した場合に契約内容の有効性が争われることも考えられるため、注意が必要です。

職務給を導入して賃金制度が変わった場合には、従来使用されていた労働条件通知書などの書面を、よりわかりやすく改定する必要もあると考えられます。

２ 職種や就業地域を限定する合意

雇用契約を締結するに際しては、職種や就業地域を限定して契約を締結することも考えられます。

このような限定をする場合には、基本的には雇用契約を締結する際に職種や勤務場所を特定し、双方の合意を確認して契約書上にその旨を明示しておくことが必要と考えられます。

ただし、雇用契約書等において、このような合意の有無が明示されていない場合であっても、職種や業務内容等の諸般の事情から、職種もしくは就業場所を限定する黙示の合意があったと判断されることもあります。

職種や就業場所を限定する合意の有無は、配転命令の有効性との関係で問題になることが多く、企業からの配転命令に対して、職種や就業場所を変更したくない労働者側から、職種や就業場所を限定する合意があったと主張されることがあります。

　職務給は職務に着目した賃金でありますが、職務給を導入したことのみをもって職種や就業地域が限定的に固定されるものではありません。職務給を採用する企業においても、職種や就業場所などを限定する雇用を行うか否か、また、そうした限度を職務評価でどのように考慮するのかは課題となります（第6章参照）。

　なお、職種を限定して雇用契約が締結された場合であっても、該当する職種がなくなったり、プロジェクトが終了したことをもって、直ちに雇用契約を終了させることができるものではないと考えられます[16]。

　このような場合にも、労働者の意向も確認した上で、他の職種を用意するなどの代替措置を講じることができないかといったことを検討すべきです。

③ 中途採用の場合

　中途採用社員の場合であっても、職務給についての説明を適切に行い、賃金制度を理解してもらう必要があることに変わりはありません。

16　東京海上日動火災保険（RA制度廃止）事件（東京地判平19年3月26日）は、職種限定の労働契約について、「使用者が労働者を特定の職種以外の仕事には一切就かせないことを約する契約であり、もし使用者が業務上の都合により労働者を就労させるべき当該職種の仕事がなくなれば雇用関係を終了させる意思をもって締結したもの」との使用者側の主張に対して、「職種を限定して労働契約を結ぶにあたって、当該職種の仕事がなくなるという事態を具体的に想定していることは、必ずしも多いとはいえず、「労働者を就労させるべき当該職種の仕事がなくなれば雇用関係を終了させる意思」の存在が、職種限定の合意を認める上での必要条件であるとは考え難い」として、使用者の主張を認めませんでした。

特に前職の賃金制度が職務給ではなかった場合には、前職の制度との違いを十分に理解してもらう必要があります。

　また、中途採用の場合、いずれの職務等級区分（グレード）を割り当てるかによっては、前職の賃金との間に差が生じてしまう可能性もあります。採用希望者のイメージとズレが生じることがないよう、本人との間で担当職務について明確な取決めを行う必要があります。

　中途採用社員の経験が現行の職務のみでは十分に活かされない場合には、前職の経験に鑑み、職務を設計し、新しい職務等級区分を追加して賃金を支給するなどの工夫をすることも考えられます。

昇給・賞与の定め

　職務給において、昇給や賞与は必ず定めておく必要がありますか。

Ａ　法律上は必須の定めではありません。職務給を導入する企業ごとに、工夫した設計や運用を検討することができます。

【解説】

1 昇給について

　昇給とは賃金の増額を意味するもので、日本においては定期昇給[17]の制度を取り入れている企業も多いと思われます。

　しかし、法律上は、労働者に対して必ず昇給をしなければならないという定めはありません。したがって、定期昇給も臨時昇給[18]もなく、昇給がまったくないという状態でも違法ではありません。

　ただし、昇給に関する事項（昇給の有無や時期、回数など）については労働者に明示する必要があり、常時10人以上の労働者を使用している事業所は、これらの事項について就業規則を作成し、労働基準監督署へ届け出なければなりません[19]。

　したがって、昇給がないこと自体に問題はありませんが、そのことは労働者に明示する必要があります。

　就業規則等に「毎年〇月に昇給する」などといった定めがある場合には、使用者にはその定めに従って昇給をさせる義務が生じます。

　しかし、このような定めがある場合であっても、例外的な条件が

17　会社の規定に基づき定期的に昇給機会があることで、労働者の年齢や勤続年数を基準とする場合には毎年決まったタイミングで給与が上がることになります。
18　不定期に臨時的に行われる昇給のことで、労働者が資格を取得した場合などに昇給することを設けている場合などが考えられます。
19　労働基準法15条1項、労働基準法施行規則5条、労働基準法89条

併記されている場合には昇給を行わないことも可能と考えられます。例えば、会社の業績が著しく低下した場合などの「やむを得ない事由」が存在する場合には昇給しないことが就業規則等に明記されていれば、やむを得ない事由として昇給を行わないことも認められ得ると考えられます。

職務給は、職務や成果に基づいて賃金が定められるため、勤続年数や年齢のみによって賃金を定期的に昇給させるようなことは、基本的には考えられません。

職務給の場合には、職務等級区分（グレード）が上位に変更されることにより、ベースとなる賃金が上昇することになります。したがって、どのような場合に上位の職務等級区分（グレード）が属する職務に変更されるのかが重要になります。近時は、公募制を取り入れるなど工夫している企業もありますが、職務の変更のルールがわかりやすければ、労働者の公平感は高まると考えられます。

2 賞与について

賞与とは、定期または臨時に、原則として労働者の勤務成績に応じて支給されるものであって、その支給額があらかじめ確定されていないものをいいます[20]。

賞与を支給しなければならないとする法的義務はなく、賞与の規定が労働契約や就業規則等に定められていない場合には、企業側も原則として賞与の支払義務を負うものではありません[21]。

---

20 昭22年9月13日基発17号都道府県労働基準局長宛労働次官通達。なお、定期的に支給され、かつ、その支給額が確定しているものは、名称の如何にかかわらず賞与とはみなさないとされています。

21 梶鋳造所事件（名古屋地昭55年10月8日）は、賞与の性質について、雇用契約上の本来的債務（賃金）とは異なり、賞与を支給するか否か、支給するとしていかなる条件の下で支払うかはすべて当事者間の特別の約定（ないしは就業規則等）によって定まるとし、支給日に在籍しないことをもって賞与請求権を失うとする条項も違法とはいえないと判断しました。

賞与の支給基準は就業規則等によって定めることができるため、算定方法も原則として企業側に裁量権があり、算定方法の定め方によっては賞与の支給額を増減することも可能です[22]。

　ただし、企業に認められる裁量権も無制限なものではなく、賞与の金額や算定時期が労働契約や就業規則等によって明示されている場合には、これに反する一方的な減額や不支給をすることは違法と判断される可能性があります。賞与の具体的な支給額は人事考課によるとされている場合であっても、当該査定が事実の基礎を欠いていたり、不当な評価であると判断されるときは、賞与の減額に対して損害賠償を求められることも考えられます[23]。

　職務等級制度において、労働者の業績の向上を賞与という形で反映させるためには、業績と賞与の支給額が連動する旨を労働契約や就業規則において明記しておくことが考えられます。その上で、企業側に対しては、業績評価を適切に行うことが求められます。

　職務給を採用している場合には、職務記述書によって職責が明確にされているはずですが、これに反して評価が不透明・不適切である場合には、査定自体が不当と判断されてしまう可能性がありますので注意すべきです。

22　小暮釦製作所事件（東京地平6年11月15日）は、賞与について、企業の営業実績や労働者の能率等諸般の事情により支給の有無及びその額が変動する性質のものであると示しました。
23　新和産業事件（大阪高判平25年4月25日）は、無効な配転命令に基づき算出された賞与について、当該賞与の支給額の決定は使用者としての裁量権の範囲を逸脱したものとして、給与規定等に基づいて正当に考課査定を受け、これに基づいて算定された賞与の支給を受ける利益を侵害するものとして、不法行為を構成すると判断しました。

【コラム㉝】欧米における昇進の実施

　欧米では昇進に関しても、配置転換と同様に、能力、実績、先任権及びアセスメント結果に鑑みて実施されます。その上で、半年間の試験期間を設け、その間に会社が適性を判定し、十分な能力がないと判断された場合は以前の職務に戻すなどという工夫をしている企業もあります。

　また一般的に、ブルーカラーの昇進は日本のようには行われていません。

（西村　聡）

Q37 配転時の注意点

職務給を導入した場合でも、配転は可能ですか。

A　就業規則に配転がある旨の定めがあり、就業場所や職種を限定する合意がない場合であれば可能です。ただし、権利の濫用にあたらないよう注意する必要があります。

【解説】

1 人事異動における配転の意義

　人事異動は社内における立場や職務が変わることをいい、様々な種類があります。転勤や部署異動は勿論のこと、出向や昇進、退職等も人事異動に含まれます。

　配転も人事異動の一種であり、職務内容や勤務場所が相当の長期間にわたって変更されることをいいます。

　企業には配転を命じる権利があるとされており（配転命令権）、就業規則に配転についての定めがある場合、企業の経営判断には広範な裁量権が認められてきました。ただし、どのような場合であっても配転命令が認められるわけではなく、裁量権の濫用と判断された場合には配転命令が認められないこともあります。

　東亜ペイント事件（最判昭61年7月14日）によると、次のような場合に配転命令権が権利の濫用に該当すると考えられています[24]。

24　東亜ペイント事件（最判昭61年7月14日）は「使用者の転勤命令権は無制約に行使することができるものではなく、これを濫用することは許されないことはいうまでもない」としつつ、当該転勤命令が「他の不当な動機・目的をもってなされたものであるとき若しくは労働者に対し通常甘受すべき程度を著しく超える不利益を負わせるものであるとき等、特段の事情の存する場合でない限りは、当該転勤命令は権利の濫用になるものではないというべき」として、転勤命令を受けた労働者の家庭生活上の不利益について「転勤に伴い通常甘受すべき程度のものというべき」として、転勤命令が権利の濫用にあたらないと判断しました。

> ① 業務上の必要性が存在しないとき
> ② 配転命令が不当な動機・目的をもってなされたとき
> ③ 労働者に対して通常甘受すべき程度を著しく超える不利益を負わせるものであるとき[25]

2 職務給における配転

　職務給は職務に着目した制度であることから、職務を変更する配転はそもそも認められないのではないかという考え方もあります。

　しかし、職務給はあくまで賃金体系に関する制度であることに照らしてみても、就業規則で配転があることを定めているのであれば、職務給を導入した場合であっても配転を行うことは可能であると考えられます。職務給を導入した場合であっても、配転は経営目標を達成するために重要な人事戦略に変わりはありません。

　ただし、採用時に職種を限定する合意が行われている場合には、注意する必要があります。

　職務給を導入した場合には、専門性が高く、企業も労働者も職務を変えるような配転をあまり考えていないケースもあるため、職種限定合意が行われている場合も少なくないと考えられます。

　このような場合のほか、就業場所を限定する合意があったような場合には、就業規則等で配転についての条項を定めていたとしても、労働者の同意がない場合には、企業による一方的な配転命令は認め

25　裁判例は配転命令について企業側の裁量権を広く認める傾向にありますが、「通常甘受すべき程度を著しく超える不利益」と認められたケースとしては、北海道コカ・コーラボトリング事件（札幌地判平9年7月23日）（労働者の長女が躁うつ病、次女が精神運動発達遅延の状況にあり、両親の体調不良のため家業の農業の面倒をみていたケース）や、明治図書出版事件（東京地決平14年12月27日）（共働き夫婦において重症のアトピー性皮膚炎の子らを育児していたケース）などがあります。

られない可能性があります。

　そのため、配転命令を拒否する労働者からは就業場所や職種限定合意が行われていたという主張が行われることがあり、合意の有無が裁判で争いになることもあります。職種限定合意の有無については、就業規則や労働協約の定め、特殊な技能や資格を要する職種であるか、同様の配転実績があるかどうか等の様々な事情から総合的に考慮して判断されることになります[26]。

　就業規則に配転に関する定めがあり、就業場所や職種限定合意がない場合であっても、裁量権の濫用と判断されるような配転命令は認められません。

　権利濫用の該当性を判断するにあたっては前記、東亜ペイント事件の基準が参考となりますが、これらの要素を判断する上でも、職務給であることが考慮される可能性はあります。

　なお、職務給を採用している場合、職務の変更は賃金額の変更の可能性を生じさせますので、労働者にとっては他の賃金制度の場合に比べ一層関心が高くなります。配転を行う際には職務等級（グレード）が下がらないように配慮するほか、労働者のキャリア・プランなどの意向を十分に確認するなどの注意が必要と考えられます。

26　アール・エフ・ラジオ日本事件（東京高判昭58年5月25日）はアナウンサー採用試験に合格し採用された女性労働者について職種を限定した労働契約を締結した旨を判断しましたが、九州朝日放送事件（最判平10年9月10日）は、放送会社のアナウンサーとして業務をしていた女性労働者について、アナウンサー以外の業務には一切就かせないという職種限定の合意が成立していたとはいえないと判断しました。この判例の原審である福岡高平8年7月30日では、会社側が採用時に特殊な技能を要求しておらず、採用後においても配転の対象となっていることなどから、職種限定の合意は認められないと判断しています。

【コラム㉞】職務等級制度と配置

　職務等級制度は、ポスト、ポジションによる厳密な定員制で運用されるといわれることがあります。これは当然のことでもあり、またある面で誤解でもあります。

　確かに、理論的には、「標準業務量を基礎とした定員」とすべきですが、現実問題として、ポスト（部門責任者）はともかく、ポジションまで厳密に運用できるはずがありません。アメリカにおいても、過去の経緯から必要定員数を決め、定員以上の業務があれば部外に出している企業もあれば、配置について、職務明細書に従ってなるべく適材が適職に配置されるよう工夫している企業もあります。逆に、職場の都合であまり適正配置にはこだわっていない企業もあります。また、標準員数は大まかに考えているが、定員制はとっていない企業もあります。

　日本企業も同じです。職能資格制度であっても、しっかりと経営計画を策定し、組織戦略を立てている企業の中には、組織体制をどのようにすべきか中長期的に考慮し、定員制のなかでポストとポジションを明らかにして運用している企業は存在しています。

　組織において必要なポスト、ポジションとこれらの定員数を明らかにすることは、組織戦略の問題であり、何を基準に制度を構築するのか以前の問題です。職務等級制度に限定されることではありません。厳密に定員制を運用するのが職務等級制度であるという批判的見解は、制度の原則上の話であって、必ずしも実態を示した見解ではありません。

（西村　聡）

【コラム㉟】職務等級制度と配置転換

　職務等級制度における配置転換とは、本来、同じような職務等級（グレード）または同程度の難しさの職務に変更することをいいます。つまり、専門性を重視する制度であることから、職種あるいは職務そのものが大きく変更することはなく、責任とその職務に要求される作業の水準も変わらないのが通常です。

　そもそも、ホワイトカラーに限定すると、日本企業のような能力開発のためと称した定期的な異動（ジョブ・ローテーション）は欧米にはありません。専門職志向で職種採用の欧米、特にアメリカでは、自身の望むキャリア・アップにならないポジションへの異動は、専門性が希薄になってしまうことから敬遠され、実施されることはごく僅かです。つまり、異動という概念は、採用の領域として捉えられています。ただし近年では、次世代経営幹部のリーダーシップ開発のための学習機会として、サクセッション・プラン（後継者計画）を策定し、異動や職務境界の移動をさせる企業もあります。

　職務等級制度は、職務の異動がしづらく、異動すれば賃金が下がり不利益変更につながるという批判的意見があります。しかし、そもそも労働者の能力に適合しない職務への異動を実施しているとするならば、ジョブ・ローテーションとして甚だ疑問のあるところです。

　このような人事管理の本質的な考え方の違いは、人材募集及び採用にも表れています。日本では、適性に多少の問題があったとしても、社内から人材を見つけ出そうとします。しかし欧米では、最適な人材を見つけ、選抜し、任命するという意味では社内、社外は問いません。職務記述書や明細書の内容に基づき、社内であれば社内公募を基本に異動やジョブ・ローテーショ

ンを実施しますし、社内人材にこだわることなく、社外からも
人材を見つけ採用（選抜）しています。

（西村　聡）

Q38 配転時の減給

配転の際に減給を伴うことは許されないのでしょうか。

Ⓐ 就業規則等においてその旨が明記されており、裁量権の濫用と捉えられないのであれば可能と考えられますが、基本的には労働者との合意によるべきです。

【解説】

1 配転と賃金の関係

配転は企業の経営判断として広い裁量権が認められる傾向にありますが、一方で、配転はあくまで職務内容や勤務場所を変えるに過ぎないものであるため、減給を伴うような場合には別途の考慮が必要となります。

裁判例においても、配転と賃金は別個の問題であって法的には相互に関連していないとされており、配転を命じた場合であっても、特段の事情のない限り、賃金については従前のままとすべきと判断されています[27]。

したがって、一般的に、配転を行う場合であっても、これと連動して直ちに減給も認められるというものではありません。

これに対し、職務給は、職務と賃金が連動する制度ですので、基本的には、同価値以上の職務への配転を検討するなど、賃金の職務等級区分（グレード）が下がらないよう配慮する必要があります[28]。

---

27 デイエフアイ西友事件（東京地決平9年1月24日）は、配転と賃金とは別個の問題であって、法的には相互に関連しておらず、労働者が使用者からの配転命令に従わなければならないということが直ちに賃金減額処分に服さなければならないということではないとして、使用者が、より低額な賃金が相当であるような職種への配転を命じた場合であっても、特段の事情のない限り、賃金については従前のままとすべき契約上の義務を負っていると判断しました。

② 減給を行う場合の検討

　人事権の行使として降級をする場合、企業側に裁量権は認められていますが、権利の濫用と判断される場合にはその処分は無効となる可能性があります。

　どのような場合に裁量権の濫用といえるかは個々の事案における様々な事情を考慮する必要がありますが、裁判例においては、企業側における業務上・組織上の必要性の有無・程度、労働者がその職務・地位にふさわしい能力・適性を有するかどうか、労働者の受ける不利益の性質・程度等の諸点が考慮されるべきとされています[29]。

　配転に伴い賃金を変更しなければならないという場合でも（職務給下での配転では制度上こうした事態を想定しておく必要があります）、労働者との間で合意を得ることができるのであれば、基本的には問題はありません。ただし、労働者自身も職務が変わることで賃金額も変わることを理解して納得できることが必要であると考えられます。

28　L産業事件（東京地判平27年10月30日）は、医薬品の製造販売会社においてチームリーダーとして勤務していた労働者が、チームの解散によって減給を伴うグレードの変更をされたケースについて、会社の職務等級制度の下では担当職務の変更があればそれに対応したグレード・基本給の変更が当然に予定されていることが就業規則等において明確にされていたところ、チームの解散によってチームリーダーの職務がなくなったこと等からすればグレードの変更についての業務上の必要性は認められ、グレードの変更には不当な動機・目的も存在せず、減給が生じるとしても職務内容・職責が変動していることも勘案すれば通常甘受すべき程度を超える不利益とはいえないとして、グレードの変更は権利濫用にあたらないと判断しました。

29　バンク・オブ・アメリカ・イリノイ事件（東京地判平7年12月4日）においては、使用者の人事権の行使は雇用契約にその根拠を有し、使用者に委ねられた経営上の裁量判断に属する事柄であり、社会通念上著しく妥当を欠き、権利の濫用にあたると認められる場合でない限り違法とはならないとして、人事権の行使が労働者の人格権を侵害する等の違法・不当な目的・態様をもってなされてはならないことはいうまでもなく、裁量判断を逸脱するかどうかについては、使用者側における業務上・組織上の必要性の有無・程度、労働者がその職務・地位にふさわしい能力・適性を有するかどうか、労働者の受ける不利益の性質・程度等の諸点が考慮されるべきと判断しました。

労働者との間で合意を得ることができなかった場合には、慎重な検討が必要になると考えられます。

　労働者との合意によらずに減給を伴う配転を行う場合には、基本的には就業規則等において職務と賃金が連動しており、配転によって減給になることがあることを明示していることが前提となります。

　裁判例には、役割グレードと報酬額が連動していることを定めた就業規則などがなく、労働者から個別の同意を得ていたような事情もない場合について、職務の変更に伴い一方的に減給を行うことは認められない旨を判断したものがあります[30]。

　したがって、減給を伴う配転がある場合には、その旨を就業規則や雇用契約書等において明示しておくこと、もしくは労働者から個別の同意を得ることが必要と考えられます。

　就業規則や雇用契約書における取決めの内容は、紛争になった場合にも極めて重要であり、当事者がどのような合意を行っていたかを示す客観的資料ともなり得ます。

　就業規則等において減給を伴う配転があり得ることが明示されていたとしても、その処分が専ら恣意的な理由に基づく場合などの不適切な人事権の行使は、権利の濫用と判断される可能性があります[31]。

　配転が合理的だという前提として、業績評価としての適切性が問われることも考えられます。

　職務給においては、職務と賃金が連動することから、配転の一つひとつが重い意味を持ち、意味のないジョブ・ローテーションは認められないと考えるべきです。これは、経営上も業務の無駄を省く

30　コナミデジタルエンタテインメント事件（東京高判平23年12月27日）は、企業が育休から復職した労働者に対して役割グレードの引下げ及び年俸の減給の措置をとったことについて、担当職務の変更は業務上の必要性に基づくもので人事権の濫用にはあたらないとしつつ、年俸の役割報酬部分の引下げについては就業規則や年俸規程に明示的な根拠もなく、労働者の個別の同意もないまま企業側が一方的に行うことはできず、役割グレードの変更も役割報酬の減額と連動する以上、労働者の個別の同意を得ずに会社側が一方的に行うことは人事権の濫用として許されないと判断しました。

ことになり歓迎すべきことだと思います。意味のある配転であれば、その効果を出すためにも可能な限り労働者の意向も考慮し、労働者への説明を尽くし、その理解を得るべきでしょう[32]。

31　国際観光振興機構事件（東京地判平19年5月17日）においては、直属の上司ではない部長が行った降格処分について、会社における人事評価の制度（能力・成果主義を導入した評価方法）自体は合理性を欠くものではないとしつつ、同部長における評定は同部長の感情等を強く反映したもので人事制度が定めるルール・前提に合致したものとはいえず、適切になされたということはできないとして、合理性を欠く評定を基礎とする降格等も合理性を欠くため、人事権を濫用したものとして無効となると判断しました。

32　エーシーニールセン・コーポレーション事件（東京地判平16年3月31日）は、労働契約の内容として成果主義による基本給の降級が定められていた事案について、そのような定めがあっても使用者が恣意的に基本給の降級を決定することは許されないとして、降級が許容されるのは、就業規則等による労働契約に降級が規定されているだけでなく、降級が決定される合理性があること、その過程が労働者に告知されてその言い分を聞く等の公正な手続きが存在することが必要であると判断しました。

【コラム㊱】幹部候補の社員の配置転換

　新卒の幹部候補の社員Ａさんを、幅広く経験を積ませること を目的として地方の営業所に配転させて、地域採用の社員Ｂさ んと同一内容の職務に就かせた場合、表面上は同一内容の職務 に従事することになります。この場合、Ｂさんと同一の賃金を 支給しなければならないのでしょうか。仮に同一の賃金を支給 することになると、Ａさんの賃金は減額となるため、Ａさんに 辞められてしまうのではないか、という懸念も生じるところで す。

　職務給では、同一の職務については同一の賃金を支払うこと が大原則です。この場合、表面上は同一内容の職務に従事して いるので同一の賃金が支給されるようにも思われます。

　しかし、本社から幹部候補として地方の営業所等に赴任する 場合、表面上は同一の職務を行っているだけのように見えても、 Ａさんはその職務をこなすことだけを担っているわけではない はずです。自身の経験を将来の経営戦略に活かせるように、営 業所内部の運営、問題点や改善点等についてつぶさに観察し、 それらを本社へ報告すべく本社会議に参加する等、同一の職務 に加えて他の業務を負っていることが多く、責任範囲も異なる ことがほとんどです。

　すなわち、幹部候補として経験を積むために配転させたその 目的に鑑みれば、実質的に同一の職務ということはあり得ず、 Ｂさんの賃金よりもＡさんの賃金が高くなるはずです。

　したがって、Ａさんの職責を公正に評価すれば、現実には賃 金は減額とはならないと考えられます。

（伊藤洋実）

懲戒処分

> 職務とは無関係な問題行動がある労働者について、人事面でどのような対応をすることができますか。

A 労働者の問題行動については人事評価のなかでも考慮することができますが、著しい問題行動や、指導しても改善が見られない場合には懲戒処分を行うことで対応することが考えられます。

【解説】

1 労働者の問題行動

労働者による問題行動としては、無断欠勤、遅刻や業務上の指示に従わないといった勤務態度の不良から、部下に対するハラスメント、痴漢や万引きなどの犯罪行為など、様々なものが考えられます。

企業側としても、これを放置しておくことは問題を拡大させることにもなりかねず、妥当ではありません。まずは面談等の方法によって、問題の改善に向けた指導を行うことが重要です。

本問のケースとは異なり、職務に関連する労働者の問題行動、例えば、課業の中で作業終了後に日報作成、報告とあるのに、これを提出しないとか、出来高や不良率の虚偽申請がなされるなどの場合、評価基準の一つとして業務態度を考慮することと定めておき、業績評価のなかで労働者の問題行動を考慮することが考えられます。

しかし、本問のように、職務に関係しない労働者の問題行動については、業績評価には反映できない場合が多く、懲戒を検討することになります。

また、適切な指導等を行ったにもかかわらず労働者の問題行動が改善されない場合や、著しく悪質な問題行動に対しても、懲戒処分を行うことを検討することとなります。

❷ 懲戒処分の可否

懲戒処分を行うためには、前提として、企業側がその種類及び程度を就業規則に明記する必要があります[33]。懲戒処分には、戒告・減給・出勤停止・降級・解雇などがあり、問題行動に応じて適切な処分を行うことが求められます。

もっとも、就業規則において懲戒処分の規定が定められていたとしても、企業側がいかなる処分でも自由に行い得るものではなく、問題行動に対して不相当な処分は権利の濫用として無効となるおそれがあります[34]。

また、職務に関連する労働者の問題行動のように、業績評価で考慮し得る場合も、規律違反として懲戒処分に該当することもあります。程度が悪質な場合は、たとえ発生が1回であっても懲戒相当な場合もあると思いますが、一般的に、職務に関連する問題行動に対しては、問題行動をした労働者に対して注意をし、始末書や反省文を提出させても繰り返すような場合に懲戒を検討することが多いでしょう。

なお、減給の懲戒処分については、1回の額が平均賃金の1日分の半額を超え、総額が賃金支払時期における賃金の総額の10分の1を超えてはならないという制限があります[35]。

降級や減給といった処分は、人事政策上の処分として行われる場合と懲戒処分として行われる場合があります。

人事考課としての処分については、査定の結果であることから評価理由をどの程度明らかにするのかは企業側に裁量がありますが、

33　労働基準法89条1項9号
34　東京地判平21年4月24日は、女性社員に対してセクハラを行っていた取締役兼支店長を懲戒解雇とした事案について、同社員のセクハラ行為に対する悪質性は認めつつも、企業側がこれまでに何らの指導や処分を行ってきていなかったこと等から、懲戒解雇を直ちに選択することは重きに失するとして、懲戒解雇処分を無効と判断しました。
35　労働基準法91条

懲戒処分の場合には、労働者に対する制裁であることから適正手続の保障が要求されており、処分理由を明らかにすることはより重要であると考えられます[36]。

業績評価は当該職務に対する達成率を評価することですが、懲戒処分はあくまで懲戒事由に該当するかどうかが問題となるものであって、懲戒事由に該当しない場合には処分を行うことはできません。

なお、降級事由の一つとして、就業規則上の懲戒処分を受けたことが規定されているような場合には、懲戒処分を受けたことを理由として降級をすることも認められる可能性はあります[37]。

3 職務給での対応

職務給の場合には、降級は職務等級区分（グレード）の下位の職務への変更となります。

懲戒処分を受けたことによって、当該職務の遂行に適するものではないとして職務の変更を生じさせる必要があることも考えられます。このような場合に備えて、職務給においても、懲戒処分を受けたことによって職務等級区分（グレード）の変更があり得ることを規定しておくことが考えられます。

問題行動については、行為の特定を行うことが極めて重要です。「暴言を吐いた」「上司の命令をきかなかった」などといった抽象的な事

---

36 中央林間病院事件（東京地判平8年7月26日）は、懲戒解雇を行うにあたって、就業規則で定められた懲戒委員会の開催またはそれに代わる措置がなされていなかったとして、当該懲戒解雇について手続的に重大な瑕疵があると判断しました。

37 海遊館事件（最判平27年2月26日）は、職能資格制度における事案ですが、セクハラ行為等を理由としてなされた懲戒処分を受けたことによって降格が行われた件について、労働者がセクハラ行為を繰り返し、企業秩序や職場規律に看過しがたい有害な影響を与えたことをもって懲戒処分を受けていることからすれば、降格については社会通念上著しく相当性を欠くものということはできないとして、降格処分が人事権の濫用にはあたらないと判断しました。

実のみでは、いかなる行為がどの懲戒事由に該当するかが不明確であるとして、適法な懲戒処分であると認められない可能性があります。

　問題行動がある場合には、誰が、いつ、どのようなことを述べたか、どのような行動をとったかを明確に記録しておくことが求められます。

　また、このことが仮に懲戒事由に該当しなくても、職務の変更を労働者に納得してもらい、合意するために、労働者に対して説明すべき重要な内容になります。

【コラム㊲】業績評価により降級するケース

　業績評価によって、最低評価に該当した場合には、人事委員会で審査の上、降級するというルールを作ることがあります。

　この場合、課業や職務行動（作業）の達成率で業績が評価され、降級することがあるということになります。こういった降級は、懲戒に関連するものとは異なり、あくまで等級制度規程あるいは人事考課制度規程に従い、業績評価の結果によって、下位等級の職務に落ちるということです。

　プロセス展開表では課業及び職務行動（作業）が示され、また職務記述書で各職務の課業と作業が整理されています。課業の中には、最終的な作業として報告・連絡（例えば、日報や通知書作成など）が定められることがあり、この報告・連絡自体をしないとか、虚偽の報告・連絡をする、課業や作業あるいは手順を規定通り実施していないなど、問題行動を繰り返し行われる場合については、会社に与える損害の程度にもよりますが、業績評価次第では（最低評価の場合）、人事委員会の審査を経て、降級することになり得るものと考えます。

（西村　聡）

労働者の労働条件を変更する際には、どのようなことに気を付ける必要がありますか。

Ⓐ 変更後の条件や職務内容について適切な説明を行い、同意書等を交わすことが有用です。職務が変わる場合には、職務記述書も再交付すべきです。

【解説】

1 労働条件変更の同意

減給や休日の削減など、労働条件を現状のものよりも不利益に変更する場合には、原則として、労働者の個別の同意を得て行わなければなりません[38]。この点は、職務給を採用したとしても何ら異なることはありません（ただし、就業規則等において、人事考課に基づく職務変更とそれに伴う減給についての定めがある場合には、人事考課の結果として本人の同意なく賃金を減額することが可能な場合もあります）。

労働者との間の同意の方法について法の定めはありませんが、通常は同意書等の書面を用いた方法をとることが考えられます。

口頭による場合や書面等が残っていない場合には、後に紛争となった際に、労働者から同意があったことを立証することは極めて困難です[39]。同意があったことについては、通常は会社側に立証責

38　労働契約法 9 条
39　アイエムエフ事件（東京地判平 5 年 7 月16日）では、労働者は退職金規程の改正案の説明を受けて同意書に署名・押印していたものの同意書は紛失したという会社側の主張に対して、同意書は労働者の同意の存在を証明するための重要な書面であって、これが提出されていない以上は書面の体裁や内容がまったく不明であるとして、労働者の個別の同意を得たと認めるには不十分であると判断しました。

任が課されることが多いと考えられるため、立証ができない場合には同意がなかったものと判断されるおそれもあります。

また、労働者から同意を得る場合には、労働者に対して誤解を与えないよう適切な説明を行うことが求められます。労働条件の説明には専門用語が多用されがちなことから、労働者に正確な理解をしてもらうためには、説明担当者自身が変更後の条件について詳細に理解をしている必要があります。

職務給において職務の内容に変更が生じる場合には、労働者に対してはあらためて職務記述書を交付すべきと考えられます（図表1－4参照）。

新たな職務記述書の交付がないと、労働者にとっては職責を自覚することが困難となり、評価権者にとっても公正・公平な業績評価を行うことができなくなりかねません。

職務についての適切な説明が行われていたという客観的な資料を残す意味でも、書面を用いて説明を行う必要があると考えられます。

2 同意の効力が争われる場合

労働条件の引下げについて労働者から同意を得た場合であっても、後に当該労働者から、同意の意思表示は錯誤[40]や、詐欺・強迫等によるものであったために取り消す[41]などといった主張がされることがあります。

判例においては、不利益変更に対する労働者の同意の有無についての判断は慎重になされるべきとされており、同意が労働者の自由な意思に基づいて行われたものと認めるに足りる合理的な理由が客観的に存在するか否かという観点からも判断されるべきとしています[42]。

したがって、労働者から個別の同意を得るに際しては、単に同意

40　民法95条
41　民法96条

書に署名・押印をもらうのみではなく、不利益変更の具体的な内容等を同意書にも明記した上で、面談等の方法で変更内容を労働者に説明し、労働者が理解したことを確認して同意書を提出してもらうことが必要と考えられます。

　こういった面談の内容についても、後の紛争に備えて、労働者に対して適切に説明して理解を得たことを記録として残しておくことが適当と考えられます。

　このような備えを行っておくことは、後の紛争における立証手段となるのみならず、労働者に対しても深い理解を与えることで、そもそも紛争を未然に防ぐことにもつながることが期待できます。

42　山梨県民信用組合事件（最判平28年2月19日）では、同意書に署名・押印があった事案について、労働者の同意の有無については、変更により労働者にもたらされる不利益の内容及び程度、同意に至る経緯及びその態様、同意に先立つ労働者への情報提供または説明の内容等に照らして、同意が労働者の自由な意思に基づいてされたものと認めるに足りる合理的な理由が客観的に存在するか否かという観点からも判断されるべきものとしました。

Q41 退職金

業績に応じて退職金の支給額を変動させることはできますか。

A 業績に応じて変動させることは可能ですが、そうする場合には、あらかじめ就業規則等において、業績と連動した支給額であることを明示しておくことが必要です。

【解説】

1 退職金の法的位置付け

退職金を制度として設けるか否かは企業側の自由であるため、このような取決めがない場合には退職金を支払わなければならないという法的義務はありません。

退職金の制度を設ける場合には、就業規則において、適用される範囲、退職手当の決定、計算及び支払いの方法、退職手当の支払時期に関する事項を定め[43]、労働契約書等により労働者に明示しなければなりません[44]。

つまり、上記のような就業規則や労働契約等の定めがない場合には企業側の支払義務はなく、支払いの有無は企業側の裁量に委ねられることとなります。

一方で、就業規則や労働契約等において支給要件が明確に定められている場合には、その要件を満たす事情があるならば、企業側に支払義務が課されます。

---

43 労働基準法89条3号の2
44 労働基準法15条、労働基準法施行規則5条1項4号の2

❷ 退職金の変更

退職金の制度が設けられている場合であっても、あらかじめ設定していた退職金の金額や支給率を変更する必要が生じた場合、通常は退職金を定めた就業規則等を改定することによって変更を行うことになります。

ただし、退職金の支給率等を労働者に不利益な内容に変更する場合には、高度の必要性が要求され、変更について合理性がない場合には変更が認められないこともあります[45]。

下級審の裁判例においても、労働者の個別の同意なしに退職金を不利益に変更することについては、否定的な判断をするケースが多くあります[46]。

また、就業規則等において退職金の具体的な金額等が明確に定められている場合には、退職社員の業績が悪かったことなどを理由として退職金額を規定額よりも減額したり、支給しないとすることは認められない可能性が高いと考えられます。

ただし、就業規則等において、退職金の支給率は業績と連動するなどといった旨をあらかじめ定めておいた場合には、業績に応じた退職金を支給することも認められると考えられます。したがって、業績に応じて退職金額が変動することを想定している場合には、事前に就業規則や労働契約において、その旨を明示しておく必要があります。この場合、業績評価が退職金の支給額に大きな影響を及ぼすことになるため、業績評価が適正になされることが前提となります。

---

45 朝日火災海上保険事件（最判平8年3月26日）は、退職金支給率を引き下げる旨の就業規則（退職手当規程）の改定について、退職金支給率の引下げには高度の必要性があるとしつつも、それを従来の退職手当規程によって算出される額を下回る額にまで減額する点では、その内容において法的規範性を是認できるだけの合理性を有するものとは認めがたいとして、改定の効力を否定しました。

46 アイエムエフ事件（東京地判平5年7月16日）は、退職金規程の不利益変更について、これを是認すべき特別の事情がある場合を除き、変更前から雇用されていた労働者との関係では、その個別の同意がない限り不利益変更の効力は及ばないと判断しました。

以上のことは、職務給を採用した場合の退職金でも同じように扱われると思われます。

　平成25年の高年齢者雇用安定法の改正[47]によって、定年延長や継続雇用制度を導入した企業も多いと思いますが、勤続年数に応じて給付金額を積み増ししていくような退職金制度を整備しているにもかかわらず、定年延長の措置を講じて定年が引き上げられた後は支給額が増えないような場合には、退職金の支給額が不適切であると判断される可能性もあるため注意が必要です。

　また、継続雇用制度の一つの方法として、本人の希望に従って定年後も引き続いて雇用を行う再雇用制度を取り入れることも考えられますが、この場合、退職金の支払時期をいつにするか、退職金の支給額をどうするかといった問題が生じることもあり得ますので、就業規則や退職金規程もあらためて考慮する必要があります。

　特に、定年時に退職金を支給している場合には、再雇用契約終了時にあらためて退職金を支払う必要があるかという問題も考えられます。再雇用の場合にも退職金を支払わなければならないとすることは、企業にとって負担が大きいようにも思えます。しかし、退職金の支給率を業績と連動するような仕組みにしているのであれば、再雇用時からの業績に応じた賃金を支払うことと同義であるとも考えられ、負担感は少ないとも考えられます。

　定年後の雇用関係については最高裁の判例が出されたこともあ

47　高年齢者等の雇用の安定等に関する法律９条。同条では、定年を65歳未満としている事業者について、①定年の引上げ、②継続雇用制度の導入、③定年の定めの廃止のいずれかの措置を講じなければいけないとしています。

48　長澤運輸事件（最判平30年６月１日）は、定年後に再雇用された労働者と正社員との間における労働条件の差異が労働契約法20条（現在はパートタイム・有期雇用労働法８条に統合）に定める「不合理と認められる相違」に該当するかという点について、定年後に再雇用されたという事情は同条の「その他の事情」として考慮されると判断しました。この判例が出された後、名古屋自動車学校事件（名古屋地判令２年10月28日）では、定年後再雇用された嘱託職員と正職員との間における基本給に関する待遇差に関し、嘱託職員時の基本給が正職員定年退職時の基本給の60％を下回る限度で労働契約法20条にいう不合理と認められるものと判断しました。

り、労働者にとっても関心が高まっていると思われます[48]。定年延長や継続雇用制度の導入に伴い、労働者から退職金についての説明を求められることも増えると想定されますので、退職金規程についてはあらためて見直しを行うことが必要です。

有期雇用契約の労働者について、業績の不良を理由として契約を更新しないことはできますか。

Ⓐ 客観的・合理的な理由があり、社会通念上相当と認められない限り、雇止めが認められない場合があります。

【解説】

1 いわゆる「雇止め」について

無期雇用の労働者とは雇用契約について期間の定めがない労働者のことをいい、有期雇用の労働者とは雇用契約について期間の定めがある労働者をいいます。

有期雇用契約の場合、雇用契約の期間が終了すれば、雇用契約は原則として終了することになります。雇用契約期間の満了時に、企業側が契約を更新せずに労働者を辞めさせることを雇止めといいます。

上記の通り、有期雇用契約の場合には雇止めによって雇用契約が終了することがあり得ますが、どのような場合であっても企業側が契約の更新を拒否できるものではありません。

具体的には、①有期雇用契約が過去に反復して更新されたことがあり、期間満了によって契約を終了させることが、無期雇用契約の労働者に解雇の意思表示をすることと社会通念上同視できると認められる場合、または②有期雇用契約の期間満了時に契約が更新されるものと期待することについて合理的な理由があると認められる場合には、客観的・合理的な理由があり、社会通念上相当と認められない限りは雇止めは認められません[49]。

2 合理的な理由の考え方

　上記の通り、雇止めをするにあたっては、客観的な合理性と社会的相当性が認められる必要があります。

　有期雇用契約の労働者の能力不足を理由とする雇止めについては、違法と評価されたもの[50]と適法と評価されたもの[51]があり、事案に即した判断が行われています。

　有期雇用契約の労働者について、業績の不良を理由として雇止めをする場合には、まずは業績評価の公正さが求められます。業績評価の判断過程に不合理な点があったり、客観的基準に基づかない不当な判断が行われていた場合には、雇止めについて合理的理由が認められない可能性があります。

　この点で、職務給においては、有期雇用契約の労働者であろうと、無期雇用契約の労働者であろうと、同じように職務についての業績が客観的基準に基づき明確に評価されると思われます。

　また、労働者の能力の改善が見込まれるにもかかわらず適切な指

49　労働契約法19条。なお、同条が明文化されるまでの日立メディコ事件（最判昭61年12月4日）においては、2か月雇用を5回更新した臨時社員の雇止めについて、解雇に関する法理が類推されるとしつつ、雇止めの効力を判断すべき基準は、いわゆる終身雇用の無期雇用契約の社員を解雇する場合とは自ずから合理的な差異があるとして、結論としては雇止めを不当・不合理な措置とはいえないと判断しました。

50　東京医科歯科大学事件（東京地判平26年7月29日）は、国立大学法人が任期付き助教に対して行った雇止めについて、再任の業績審査は大学側の専門的裁量的な判断に委ねざるを得ないものとしつつ、大学が一旦は再任に適すると判断しながら再任不適と判断をしていたことなどから、判断過程に合理性を認めるべき事情がなく、著しく不合理であったとして、雇止めについて合理的理由を認めることができないと判断しています。

51　スカイマーク事件（東京高判平22年10月21日）は、航空会社の客室乗務員として勤務していた有期雇用契約社員が雇用契約の更新をしないことは不法行為に該当するとした主張について、当該客室乗務員の業務評価（社会人的資質項目）は135人中134位であったこと、業務評価は恣意的になされたものとはいえないこと、企業側が雇用契約の更新に際して採用した基準は妥当でないとはいえないこと等を勘案して、企業側が雇用契約を更新しないとしたことについての違法性は認められないと判断しました。

導等を行わなかった場合にも、雇止めが違法と評価される余地が生じます。一方で、そうした指導を行っていたにもかかわらず、功を奏すことがなく、まったく能力の向上が期待できないなどの場合には、業績の不良を理由とした雇止めも認められ得ると考えられます。

　いずれにおいても、業績の不良を理由として行った雇止めが紛争になった場合、業績評価における判断過程の適切性については綿密に審査されることが多いです。労働者に対する指導の具体的内容や、業績評価の判断理由については、客観的な資料を残しておくことが重要です。

　なお、職務給は、雇止めを容易にするための制度ではありません。あくまでも労働者の公平を考えた制度ですので、誤解を受けないよう適切に運用する必要があります。

Q43 解 雇

業績の悪い労働者を解雇することはできますか。

A　解雇理由に客観的な合理性があり、社会的相当性も認められる場合には解雇が認められる余地はありますが、職務給は解雇を容易にするための制度ではありませんので誤解をされない運用をする必要があります。

【解説】

1 解雇についての考え方

　解雇とは、使用者が一方的に労働者との労働契約を解約することをいい、懲戒解雇・整理解雇・普通解雇といった種類が挙げられます。

　労働者の業績不良や能力不足を理由とした解雇は普通解雇に分類され、これらを理由とした解雇をするためには、就業規則に解雇事由として記載されていることが必要です[52]。

　解雇は労働者の職業上の地位を一方的に奪う処分であることから、就業規則に定められた解雇事由に形式的に該当していたとしても、そのことのみで必ずしも有効な解雇と認められるわけではありません。就業規則上の解雇事由に該当していたとしても、解雇権を濫用したものとみなされた場合には、当該解雇は無効と判断されてしまいます。

　解雇が有効と認められるためには、以下の要件が認められることが必要となります[53]。

52　労働基準法89条3号
53　労働契約法16条

> ① 客観的に合理的な理由があること
> ② 社会通念上相当であること

　「解雇について客観的に合理的な理由があるか」「解雇の処分が社会通念上相当であると認められるか」については、諸般の事情を総合的に考慮して判断されます。

　なお、国籍等を理由にした解雇や、性別を理由とした解雇などの差別的な解雇は、そもそも法令上も無効とされており、許されないことはいうまでもありません[54]。

2 業績不良・能力不足を理由とした解雇

　就業規則等において「業績不良」や「能力不足」が解雇事由として挙げられていたとしても、当該労働者の業績が一定程度下がったことのみをもって直ちに解雇することは、一般的には難しいとされています。

　業績不良や能力不足の程度が著しいことが前提にあるとしても、改善の余地はないか、当該労働者に対して適切な指導等を行っているか、解雇以外に取り得る手段はないか等の観点が考慮され、これらが不十分である場合には解雇権が濫用されたものと判断されてしまうこともあります[55]。

　ただし、いわゆる新卒採用等のように当初から職種や職務を特定せずに雇用された労働者の場合と、専門的知見を期待されて地位や職務を特定されて雇用された労働者の場合とでは、解雇権濫用の該当性を考慮する上で、必ずしも同じような判断が行われるものではありません。

54　国籍を理由とした差別的解雇について労働基準法３条、性別を理由とした差別的解雇について雇用の分野における男女の均等な機会及び待遇の確保等に関する法律（男女雇用機会均等法）６条４号

労働者との間で職務を限定する合意があり、当該労働者について職務を運用する上での著しい能力不足があって改善の余地も見込めないような場合には、配転等の解雇回避措置をとらずとも解雇が肯定されるケースもあります[56]。

業績不良や能力の不足を理由として解雇を行う場合には、前提として、評価の基準が明確かつ適正であって、当該基準に照らして業績や能力が不足しているという評価が妥当であることが明らかである必要があります。裁判例においても、これらの評価基準や評価のプロセスの妥当性は、企業側から提出された具体的な証拠（評価基準表や業績評価書等）を精査して判断が行われており、これらの証拠が客観的な書面等で提出されずに専ら評価権者の証言等で補われている場合や、評価項目や評価根拠が抽象的であったり恣意的であるとみなされる場合には、適切な業績評価が行われておらず不当な人事考課が行われたものと判断されることもあります。

人事考課の基準は具体的かつ明確に定めておくべきですが、職務給の場合には、第1章で解説したプロセス展開表を活用した職務分析により、課業及び職務行動（作業）ごとにその管理指標と目標値

---

55 セガ・エンタープライゼス事件（東京地決平11年10月15日）では、新卒採用後約9年目の労働者に対して就業規則上の「労働能率が劣り、向上の見込みがない」に該当することを理由として解雇が行われた事案について、当該労働者の業務遂行は平均的な程度に達していなかったことを認めつつも、これをもって直ちに解雇が有効となるわけではないとして、当該解雇事由は極めて限定的な場合に限られていると解釈し、企業側が労働者に対して体系的な教育・指導を実施することによってその労働能率の向上を図る余地もあったにもかかわらず、このような教育や指導が行われた形跡はないこと等から「労働能率が劣り、向上の見込みがない」ときに該当するとはいえないとして、解雇は権利の濫用であって無効と判断しました。

56 ドイツ証券事件（東京地判平28年6月1日）は、専門職としての職種限定の合意が存在する場合には当該専門職としての業務に能力不足が認められるならば配転等の解雇回避措置をとらずとも解雇が肯定される余地があるとして、上級の専門職として特定の職種・部門のために即戦力として高待遇で中途採用された労働者について、繰り返し指摘された具体的な課題について改善する機会が約2年間あったこと等を踏まえ、就業規則上の「勤務成績が不良で改善の見込みがない」などの規定に該当するとして行われた解雇は有効であると判断しました。

を設定することができ、労働者の具体的な作業に基づいた業績評価が期待できます。業績不良や能力不足が疑われる労働者については、基本的には改善を求めて指導を行うことが相当と考えられます。その上で、それらの状況を客観的資料に残しておくことが重要です。

　職務給の場合であっても、解雇権が濫用されたものでないかどうかは慎重に判断されます。

　解雇が問題となる場面では、業績評価の正当性が問題となることもしばしばあります。その点で、労働者にとっても納得のいく明確な業績評価が行われ得ることは、職務給のメリットの一つでもあると考えられます。

　なお、職務給は解雇を容易にするための制度ではありません。あくまでも労働者の公平を考えた制度ですので、誤解を受けないように運用する必要があります。

第6章

職務給による多様な働き方の実現

本章のねらい

本章では、職務給を活用して企業が多様な働き方を推進する方法について考えてみましょう。

　多様な働き方が求められる社会的背景は、どのようなもので
すか。

[A]　高齢社会で労働力不足が深刻化するなかで、育児・介護などを
　理由に、従来働くことができなかった人々の労働参加率を向上さ
　せることが求められています。また、長時間労働など企業に対す
　る拘束性の高い働き方を見直すことにより、労働者の健康を確保
　することも求められています。さらに、正規雇用・非正規雇用の
　二極化を改善し、どのような雇用形態を選択しても納得感の得ら
　れる処遇を実現することにより、個々の労働者の就労意欲を高め
　て労働生産性を向上させることが喫緊の課題となっています。

【解説】

1 労働参加率を高めて労働力を確保

　高齢社会で労働力不足が深刻化するなかで、従来のようにフルタ
イムの正規雇用労働者と家事専業配偶者とからなるシングルインカ
ム世帯を典型モデルとして想定することは、労働力確保の観点から
困難な状況になっています。

　こうした状況を受けて、現代では仕事と生活（育児・介護・障害・
病気等）の両立を可能にして、従来、働くことができなかった人々
の労働参加率を向上させることが求められています。

2 長時間労働を抑制し労働者の健康を確保

　また、従来、日本企業においては、家事専業配偶者の存在を前提
として、長時間労働など企業への拘束性の高い働き方が一般的でし
た。こうした働き方は、仕事と生活の両立を困難にしているだけで

はなく、過労死に代表されるような深刻な健康問題も引き起こして
います。現在、労働時間を短縮して労働者の健康を確保することが
喫緊の課題になっています。

3 均等・均衡待遇の実現

　さらに、バブル経済崩壊後、日本企業においてコスト削減の一環
として正規雇用労働者の人数が抑制され非正規雇用労働者の活用が
進んだ結果、正規雇用労働者と非正規雇用労働者との間の待遇格差
が社会問題となっています。個々の労働者の就労意欲を高めて労働
生産性を向上させるためには、こうした二極化した雇用環境を改善
し、どのような雇用形態を選択しても納得感の得られる処遇を実現
することが重要です。

4 より豊かな人生のために

　以上のような雇用環境における課題を解決するためには、個々の
事情に応じた多様な働き方を可能にすることが不可欠です。また、
私たちの人生のなかで、働いて生活費を稼ぐことは大切ですが、他
方で、ともすれば働くだけの人生になりかねません。多様な働き方
が実現すれば、「どのように生きるか」という人々のそれぞれの課
題につき選択肢が増えることになり、各人のより豊かな人生にもつ
ながると思います。

【コラム㊳】職務等級制度と多様な働き方の実現

　日本では、多様な働き方の実現が謳われて久しいものの、現実にはコロナ禍においてもなお、緊急避難的ワークシェアリングですら導入できていません。この根底には、本来の意味での同一労働同一賃金が実現できていないことがあります。

　本来の意味での同一労働同一賃金が実現すれば、多様な働き方を推進できます。しかし、今の日本の労働政策（70歳までの定年延長等）における同一労働同一賃金施策では、ますます正規雇用労働者が固定化することになり、一層の特権化に向かっていくことになります。

　非正規雇用労働者の処遇を改善すれば経営者が反発し、正規雇用労働者の処遇を引き下げて非正規雇用労働者に揃えれば正規雇用労働者が反発します。正規雇用労働者の労働条件を下げることなく、相対的に非正規雇用労働者の労働条件を正規雇用労働者に近づけるためには、経済成長が必須であり、このなかで労働生産性及び労働分配率の向上が求められます。政府が目指す同一労働同一賃金を実現させるのは容易なことではありません。多様な働き方についても同様でしょう。

　今後の少子高齢社会のなかでは、労働人口の減少（政府の長期経済試算では、10〜20年先の我が国はTFP（全要素生産性）の改善率を現状の0.5％程度見込んでも労働人口の減少の影響が大きく、実質GDP成長率はマイナス0.4％程度と推定されている）だけでなく、育児や介護に取り組みつつ仕事と生活の両立を図るために、正規雇用労働者がパートタイム労働者になったり、あるいは流出（退職）するなどの問題もあります。もともと労働者数が少ない中小企業では、大企業以上の問題となってくることは間違いありません。

　これに対処するには、今後より一層流動的な労働市場を形成

しながら、女性の活躍及び高齢者再雇用の活用など、多様な働き方を推進していくしかありません。労働者を大切に雇用し、若い労働者のスキルアップにも企業が積極的に関与するという旧来の労働慣行の優れた面はできる限り維持すべきです。しかし、過去の日本の雇用慣行に戻ることは到底考えられず、持続可能な雇用管理制度の構築が急がれています。

　同時に、コロナ危機を労働生産性向上のチャンスとするためにも、リモートワークを活用するための業務革新と職務設計、職務管理を行い、職務を確実に果たせるような実践的なオンライン人材能力開発システムを充実させることが求められています。こうしたことから、職務分析を基本とする職務を基準とした人事管理制度の必要性が叫ばれています。

（西村　聡）

Q 45 限定正社員制度

> 　限定正社員とはどのような制度ですか。職務給を採用することは、限定正社員制度を導入・運用するにあたって、どのような利点がありますか。

A　限定正社員とは、職務内容、勤務地、勤務時間などが限定された正規雇用労働者のことです。職務給を採用している企業の場合、職務等級を決める前提として職務分析・職務評価が既に実施されており、これを活用することにより、限定正社員の制度設計が円滑に行えるものと思います。

【解説】

1 限定正社員とは

　限定正社員とは、職務、勤務地、勤務時間などが限定された正規雇用労働者のことです。正規雇用労働者と非正規雇用労働者に二極化された雇用形態を解消し、仕事と生活（育児・介護など）の両立と、企業による優秀な人材の確保や定着とを同時に可能とするような働き方として、限定正社員の普及に期待が寄せられています[1]。

　職務、勤務地、勤務時間などを限定する場合には、前提として企業内における事業場ごとの職務の内容や、それに要する時間などについて的確に把握しておく必要があります。

　この点、職務給を採用している企業においては、職務等級を決める前提として職務分析・職務評価が既に実施されており、これを活用することにより、限定正社員の制度設計が円滑に行えるものと思われます。

1　厚生労働省「勤務地などを限定した『多様な正社員』の円滑な導入・運用に向けて（パンフレット）」（https://www.mhlw.go.jp/file/06-Seisakujouhou-11200000-Roudoukijunkyoku/file/01-270227.pdf）参照。

❷ 正規雇用労働者と限定正社員との間の均衡待遇

　今般の働き方改革における均等・均衡待遇（パートタイム・有期雇用労働法8条・9条、派遣法30条の3）は、正規雇用労働者と非正規雇用労働者との間の不合理な待遇差を禁止するものであり、通常の正規雇用労働者と限定正社員との間には適用されません。もっとも、両者の間においても、職務、勤務地、勤務時間に係る限定の程度に応じて待遇の均衡を図る必要があります[2]。均衡待遇の実現を図ることは、労働者の就労意欲を維持するためにも必要なことであると思われます。

　具体的には、「勤務地」を限定する場合において、限定のない正規雇用労働者と職務の内容がそれほど変わらないときは、勤務地限定正社員の賃金水準を限定のない正規雇用労働者の9割超ないし8割の水準としている企業が多いようです。また、限定のない正規雇用労働者と勤務地限定正社員に同一の賃金テーブルを適用しつつ、基本給等に転勤の有無等による係数を乗じたり、転勤の可能性に対する手当等を支給している企業もあるようです[3]。

　次に、「職務」を限定する場合は、職務分析・職務評価を適切に実施することにより、限定のない正規雇用労働者と職務限定正社員との間の均衡待遇を実現することが求められます。同じ職務であれば、限定の有無にかかわりなく同じ賃金とすることが原則ですが、職務の範囲に限定のないことに着目して、限定のない正規雇用労働者の賃金に加算を行うことは認められると思います。

　最後に、「勤務時間」を限定する場合は、短縮された時間に比例した賃金水準とすることが平等・公平の見地から望ましいですし、運用もしやすいでしょう。

2　労働契約法3条2項の「就業の実態に応じた均衡の考慮」には、「多様な正社員」と通常の正規雇用労働者との間の均衡処遇も含まれます（前掲1の9頁）。

3　前掲1の9頁（厚生労働省が実施した企業へのヒアリング調査）

❸ 職務や勤務地の限定が解雇に及ぼす影響

　勤務地限定正社員が勤務する支店等が閉鎖されたり職務限定正社員の担当する職務が廃止されたりした場合や、限定された職務について能力不足が明らかになった場合に、当該限定正社員を解雇することが認められるか否かが問題となります。

　この問題については、たとえ上記のような事態が生じたとしても、直ちに解雇が認められるわけではありません。職務や勤務地等が限定されている場合においても、解雇権濫用法理（労働契約法16条）に則って判断されることに変わりはなく、企業が経営上の理由で解雇を行う場合には整理解雇法理[4]が適用されます。

　ただし、限定された職務の専門性や限定合意の拘束度に応じて、解雇回避努力義務の程度等が変化する可能性はあります。例えば、限定された職務が高度の専門性を伴う場合や、他の職務と明確に区別される職務限定の合意がなされている場合には、再就職支援や退職金の上乗せ等を行うことにより、配置転換ができなくても解雇回避努力が尽くされたと判断される可能性はあると思います。

4　整理解雇が解雇権の濫用にあたるか否かについては、使用者の経営上の理由による解雇であるため、解雇権濫用法理においてより厳格に判断されるべきであると考えられています（菅野和夫『労働法（第12版）』弘文堂、793頁）。具体的には、裁判例において、①人員削減の必要性、②解雇回避努力義務を尽くしたか否か、③被解雇者選定の妥当性、④手続きの妥当性の４つの事項に着目して判断がなされています（リーディングケースとして、東洋酸素事件（東京高判昭54年10月29日））。

短時間勤務制度

　　短時間勤務制度とは、どのような制度ですか。また職務給を
採用した場合に、短時間勤務制度の導入・運用にどのような影
響がありますか。

Ⓐ　短時間勤務制度とは、労働時間を短縮する働き方のことです。
多様な働き方の一つとして期待されていますが、その導入・運用
にあたっては、短時間勤務であることを理由として不合理な取扱
いを行ったり、パートタイム労働者との間で不合理な待遇差を設
けたりしないよう注意する必要があります。

　　この点、職務給を採用している企業においては、短時間勤務で
あろうとフルタイム勤務であろうと職務内容によって職務等級が
決まりますので、短時間勤務制度をシンプルに導入・運用するこ
とが可能です。

【解説】

1 短時間勤務制度とは

　短時間勤務制度とは、労働時間を短縮する働き方のことです。

　まず、育児・介護休業法23条では、事業主には、同法に基づく短
時間勤務制度を措置することが求められています。

　また厚生労働省は、次のような労働者を短時間正社員と定義し、
その導入を推奨しています[5]。

　　フルタイム正社員（１週間の所定労働時間が40時間程度（１
　日８時間・週５日勤務等）で、無期労働契約を締結している正

5　厚生労働省「『短時間正社員制度』導入・運用支援マニュアル（第３版）」(https://
part-tanjikan.mhlw.go.jp/navi/download/pdf/sogo_manual_r02.pdf) 参照

社員）と比較して、1週間の所定労働時間が短い正規型の社員であって、

  ① 無期労働契約を締結していること
  ② 時間当たりの基本給及び賞与・退職金等の算定方法等が
     同種のフルタイム正社員と同等であること
のいずれの要件にも該当する社員

② 短時間勤務制度を導入・運用する際の注意点

短時間勤務制度においては、短時間勤務であることを理由に不利益な取扱いをすることは許されません[6]。例えば、労働時間に比例して賃金を減額することや、賞与等の算定にあたり勤務時間を考慮する場合に短時間勤務制度により短縮された時間分を算定基礎に含めないことは不利益な取扱いに該当しないものと思われますが、短縮された時間分を超えて働かなかったものとして取り扱うことは不利益な取扱いにあたると判断される可能性があります。

また、短時間正社員とパートタイム労働者との間に不合理な待遇差を設けてしまうような事態も避けなければなりません（パートタイム・有期雇用労働法8条・9条）。そのためには、両者の職務内容の差異を曖昧にすることは許されません。

③ 職務給の場合は導入・運用が円滑に

短時間勤務であることを理由とした不合理な取扱いや、短時間正社員とパートタイム労働者との間に不合理な待遇差が生じる原因としては、短時間勤務の労働者の職務内容や職務量が不明確であるこ

---

6 育児・介護休業法においては、不利益取扱いは明文で禁止されています（同法23条の2）。

とが挙げられます。この点、職務給を採用している企業においては、職務分析と職務評価に基づき職務等級が構築されるため、短時間勤務であろうとフルタイム勤務であろうと各労働者の職務内容や職責は明確に定められています。

このように、職務給を採用している企業等においては、その賃金制度の特性により、他の賃金制度と比較して円滑に短時間勤務制度を導入・運用することができるものと思われます[7]。

7　西村聡・山岡美由紀『多様な働き方を実現する役割等級人事制度』日本法令（以下、本章において『多様な働き方』という）では、以下の通り、短時間正社員の賃金の定め方等について事例が紹介されています。
　①　『多様な働き方』115-128頁では、介護離職を防止するために短時間正社員制度を導入する事例が紹介されています。この事例では、労働組合との労使交渉の結果、短時間正社員の基本給を限定のない場合の90％を基準とした上で、短縮時間に比例して賃金を決定することなどが合意されています。
　②　『多様な働き方』129-140頁以下では、配偶者の病気によりフルタイム勤務が不可能になった社員に対して短時間正社員制度を導入する事例が紹介されています。この事例でも、労働組合との労使交渉の結果、短時間正社員の基本給を限定のない場合の90％相当額とした上で、短縮時間に比例して賃金を決定することなどが合意されています。
　③　『多様な働き方』153-163頁では、出産・育児による離職を防ぐために短時間正社員制度と在宅勤務制度を併せて導入する事例が紹介されています。この事例では、育児短時間勤務（所定労働時間を8時間から4時間に短縮）を在宅勤務で行う限定正社員の賃金を、「限定のない場合の基本給×0.9×4時間／8時間」としています。また、育児のために短時間勤務制度を導入するにあたっては、育児休業給付金や社会保険等の各制度についても留意すべきであることが指摘されています（同158-159頁）。
　④　『多様な働き方』186-191頁では、パートタイマーを正社員化するにあたって、短時間正社員制度を導入する事例が紹介されています。この事例では、パートタイマー（時給1,000円）の労働者を、職務分析・職務評価の結果、基本給21万7,200円の正社員と格付けした上で、1日5時間の短時間正社員として、その賃金を、「基本給21万7200円×0.9×5時間／8時間＝12万2,175円」としています。
　⑤　『多様な働き方』136頁以下では、短時間正社員制度を導入した場合の年次有給休暇等の取扱いが紹介されています。

Q 47 　フレックスタイム制

> フレックスタイム制とはどのような制度ですか。また、職務給を採用した場合に、フレックスタイム制の導入・運用にどのような影響があるのですか。

Ⓐ　フレックスタイム制とは、一定の期間についてあらかじめ定めた総労働時間の範囲内で、労働者が日々の始業・終業時刻、労働時間を選択することにより、生活と仕事の調和を図りながら効率的に働くことを可能とする制度です。

　職務内容が曖昧なままフレックスタイム制を導入すると、進捗管理や業績評価が困難になることが懸念されますが、職務給を採用した場合は、労働者ごとに担当する職務内容や職責が明確になっているので、労働時間を画一的に定めなくとも、進捗管理や業績評価を円滑に行うことが可能な場合が多く、フレックスタイム制を比較的に導入しやすいと思われます。

【解説】

■1 フレックスタイム制の概要と手続き

　フレックスタイム制とは、一定の期間についてあらかじめ定めた総労働時間の範囲内で、労働者が日々の始業・終業時刻、労働時間を選択することにより、生活と仕事の調和を図りながら効率的に働くことを可能にしようとする制度です。

　フレックスタイム制を導入するにあたっては、①就業規則等に、始業・終業時刻を労働者の決定に委ねることを定めること、②労使協定で所定の事項を定めること[8]が必要です（労働基準法32条の3第1項）。

2 フレックスタイム制における時間外労働

　フレックスタイム制を導入した場合も、時間外労働を行う場合には、36協定の締結・届出が必要になることには変わりはありません。ただ、フレックスタイム制では、清算期間を通じて法定労働時間の総枠を超えて労働した時間が時間外労働時間としてカウントされるため、1日8時間・週40時間の法定労働時間を超過したとしても直ちに時間外労働となるわけではありません。

　清算期間の上限は3か月ですが(労働基準法32条の3第1項2号)、1か月を超える期間を清算期間とする場合は、労使協定を所轄労働基準監督署長に届け出る必要があります(同法32条の3第4項、32条の2第2項)。

3 職務給を採用した場合の影響

　フレックスタイム制の短所としては、労働者ごとに勤務時間帯が異なることにより労働者間のコミュニケーションが困難になることや、労働者によっては時間にルーズになって仕事の効率が落ちてしまうことなどが挙げられます。

　職務給を採用した場合も、こうした短所が完全に解消されるわけではありませんが、職務分析・職務評価により事前に各労働者の職務内容や職責が明確になっていることから、その他の賃金制度の場合と比べれば問題となることは少ないと思います[9]。

8　労使協定では、①対象となる労働者の範囲、②清算期間、③清算期間における所定労働時間、④標準となる1日の労働時間、⑤コアタイム(任意)、⑥フレキシブルタイム(任意)を定める必要があります(労働基準法32条の3第1項各号、労働基準法施行規則12条の3第1項)。

9　『多様な働き方』(前掲7)164-169頁では、親の介護が必要となった管理職に対して、フレックスタイム制と短時間正社員制度を合わせて導入する事例が紹介されています。この事例では、労働組合との労使交渉の結果、フルタイムの場合が平均173時間45分／月であるところ、基本給44万円の労働者に、総労働時間150時間／月のフレックスタイム制を適用し、その賃金を、「44万円×0.9×150時間／173時間45分 =34万1,871円」としています。

Q48　テレワーク制度

新型コロナウイルス感染拡大に伴いテレワーク（在宅勤務等）が急速に普及していますが、職務給を採用した場合、テレワークの導入・運用にどのような影響があるのですか。

Ａ　テレワークを実施する場合には、進捗管理や業績評価の方法について困難が生じることが多いといわれています。この点、職務給を採用している企業等においては、職務分析が実施されており、個々の労働者の職務内容や職責が明確にされているため、テレワークを導入した場合にも、進捗管理や業績評価が円滑に行えるものと思います。ただし、労働時間管理については、その他の賃金制度を採用している場合と同じく、場所的離隔による障害をいかに克服するかが課題となります。

【解説】

■ テレワークとは

テレワークとは、労働者が情報通信技術を利用して行う事業場外勤務のことです。この働き方は、時間や場所を柔軟に選択できることから、育児・介護等の様々な事情を抱える労働者が生活と仕事を両立させる上で有用な手段となります。

■ 職務給では進捗管理や業績評価が比較的容易に

テレワークを実施する場合には、進捗管理や業績評価の方法について困難が生じることが多いといわれています。確かに、職務内容を曖昧にしつつ労働者の職務遂行過程を重視する場合には、場所的に離れた状態で業績評価を行うことは困難なことかもしれません。

しかしながら、職務給を採用している企業では、賃金体系を構築

するにあたって職務分析・職務評価がなされており、個々の労働者が担当する職務内容や職責が明確になっています。そのため、労働者がどこで稼働していようとも、その業績や進捗を客観的に把握することが比較的容易であるといえます。

このように職務給を採用している企業においては、テレワークを比較的容易に導入・運用することが可能です[10]。

3 テレワークにおける労働時間管理

労働時間の管理については近年の働き方改革においても問題とされており、改正労働安全衛生法においては事業者に対して労働者の労働時間の把握が義務化されました[11]。この改正法の趣旨は、適切な勤怠管理や労務管理を行うことによって長時間労働や過重労働を防ぎ、労働者の健康管理や安全な就業環境の提供を実現するためといわれています。

労働者の労働時間は、残業代の計算や就労実態を把握するためにも適切な管理をすることが求められます。訴訟等においても労働時間の長短が争われることは少なくなく、適切な時間管理が行われていない場合には企業側にとって不利な判決が出ることもあります。

テレワークを実施する場合においても、使用者は、労働者の労働

10　『多様な働き方』（前掲7）では、以下の通り、在宅勤務制度を導入した場合の賃金等の定め方についての事例が紹介されています。
　①　『多様な働き方』153-163頁では、出産・育児による離職を防ぐために短時間正社員制度に加えて在宅勤務制度を併せて導入する事例が紹介されています。
　②　『多様な働き方』141-152頁では、配偶者の転勤により退職を申し出た社員を引き留めるために、在宅勤務制度を導入する事例が紹介されています。この事例では、労働組合との労使交渉の結果、在宅勤務の限定正社員の賃金を、「基本給×0.9」としています。
　③　『多様な働き方』177-185頁では、育児休業を申し出た社員に対して、会社が代替案として在宅勤務制度を提案する事例が紹介されています。この事例では、在宅勤務制度の限定正社員の賃金を、「基本給×0.9」としています。
11　労働安全衛生法66条の8の3

時間について適正に把握する責務を有しており、「労働時間の適正な把握のために使用者が講ずべき措置に関するガイドライン」（平成29年1月20日策定）[12]に基づき、次の通り、適切に労働時間管理を行う必要があります。

使用者が労働時間管理を行う原則的な方法としては、次のいずれかの方法が挙げられています。

---

① 使用者が自ら現認することにより確認すること
② タイムカード、ICカード、パソコンの使用時間の記録等の客観的な記録を基礎として確認し、適正に記録すること

また、やむを得ず自己申告制によって労働時間の把握を行う場合は、以下の措置を講ずることが必要です。

---

① 自己申告を行う労働者や、労働時間を管理する者に対しても自己申告制の適正な運用等ガイドラインに基づく措置等について、十分な説明を行うこと
② 自己申告により把握した労働時間と、入退場記録やパソコンの使用時間等から把握した在社時間との間に著しい乖離がある場合には実態調査を実施し、所要の労働時間の補正をすること
③ 使用者は労働者が自己申告できる時間数の上限を設ける等適正な自己申告を阻害する措置を設けてはならないこと。さらに36協定の延長することができる時間数を超えて労働しているにもかかわらず、記録上これを守っているようにすることが労働者等において慣習的に行われていないか確認すること

---

12 「労働時間の適正な把握のために使用者が講ずべき措置に関するガイドライン」の本文は、https://www.mhlw.go.jp/file/06-Seisakujouhou-11200000-Roudoukijunkyoku/0000149439.pdf を参照

なお、テレワークの実施により、使用者の具体的な指揮監督が及ばず、労働時間を算定することが困難な場合は、事業場外みなし労働時間制（労働基準法38条の２）が適用される可能性があります。テレワークにおいて事業上外みなし労働時間制を導入するためには、次の２つの要件を満たす必要があります[13]。

> ①　情報通信機器が、使用者の指示により常時通信可能な状態
> 　におくこととされていないこと
> ②　随時使用者の具体的な指示に基づいて業務を行っていない
> 　こと[14]

　こうした労働時間管理は、職務給を採用しているか否かにかかわらず実施しなければならないものです。これを怠ると将来思わぬ残業代を請求されるなど、大きなリスクがあると思われます。
　テレワークを実施するにあたっては、職務給を採用している場合、上記**2**の通り、業績評価等は行いやすくなると思いますが、労働時間管理については、その他の賃金制度を採用している場合と同じく、場所的離隔による障害をいかに克服するかが課題となります。

13　厚生労働省「情報通信技術を利用した事業場外勤務の適切な導入及び実施のためのガイドライン」
14　ここでいう「具体的な指示」には、業務の目的・目標・期限等の基本的事項を指示することなどは含まれないとされています。

定年後再雇用

定年後再雇用者と正規雇用労働者との間の賃金格差が社会問題になっています。職務給を採用している場合にも、こうした問題は生じますか。また、職務給の企業等において定年後再雇用者の待遇に差異を設けることはできますか。

A　職務給を採用する場合には、本来的にはこの問題は生じないと思われます。職務給を採用している企業においては、定年後再雇用者であっても正規雇用労働者であっても、同一価値の職務に対して同一の賃金が支払われるのが原則だからです。逆に、職務給を採用した上で定年後再雇用者であることを理由に賃金を低額に抑える場合には、年功賃金を採用している企業と比べて、当該賃金の相違に関して合理性を説明することは難しくなります。

【解説】

1 高年齢者の雇用確保措置の概要

高年齢者等の雇用の安定等に関する法律9条1項により、事業主には、その雇用する高年齢者の65歳までの雇用確保措置として、「定年の引上げ」、「継続雇用制度の導入」及び「定年の定めの廃止」のいずれかを講ずることが義務付けられています。

また、同法10条の2においては、70歳までの就労確保措置として、「定年の引上げ」、「定年の定めの廃止」、「継続雇用制度の導入」、「継続的に業務委託契約を締結する制度の導入」及び「継続的に事業主等の社会貢献事業に従事できる制度の導入」のいずれかを講じるよう努める必要があると定められています（努力義務）。

そこで多くの企業では、継続雇用制度として、労働者を一旦退職させた上で再雇用する方式が採用されています。

❷ 定年後再雇用者に係る賃金格差の問題

　ここでしばしば争いとなるのが、賃金格差の問題です。多くの日本企業が採用している長期雇用（定年制）を前提とした年功序列の賃金制度においては、一般的に定年前の賃金は高額になります。これを保つことは企業にとって大きな負担となりますから、賃金コストの抑制を図るため、定年後再雇用者については定年前の賃金制度とは別の制度を適用し、定年前と比較して低額に設定することが多いと思われます。

　一方で、定年後再雇用者は、定年前からの業務を引き続き担当することが多く、職務内容や配置の変更範囲に関して正規雇用労働者との差が見えにくい場合もあります。このような場合、なぜ両者の賃金に格差が生じるのかという疑問が生じます。

　もっとも、現在の司法判断においては、定年後再雇用者であることなどの事情が考慮されることにより、当該待遇差が不合理ではないと判断されることがあります。例えば、旧労働契約法20条[15]に基づき正規雇用労働者と定年後再雇用者の待遇の相違が不合理か否かを判断した判例としては、長澤運輸事件最高裁判決があります。

　本判決は、職務の内容及び配置の変更範囲が定年前の正社員と異ならない事案でしたが、有期労働者が定年後再雇用された者であることを「その他の事情」として考慮して、基本給、住宅手当、家族手当、役付手当、賞与の相違について不合理とまではいえないと判断しました[16]。しかし、裁判所は、「定年後再雇用＝低賃金」でよ

15　旧労働契約法20条は、同趣旨の規定であるパートタイム・有期雇用労働法8条に統合されています。

16　長澤運輸事件（最判平30年6月1日）。この最高裁判決が出された後、名古屋自動車学校事件（名古屋地判令2年10月28日）は、正職員定年退職時と定年後の嘱託職員時とでその職務内容及び変更範囲には相違がない事案において、定年後再雇用されたことを「その他の事情」として考慮した上で、定年後再雇用された嘱託職員と正職員との間における基本給に関する待遇差に関し、嘱託職員時の基本給が正職員定年退職時の基本給の60％を下回る限度で労働契約法20条にいう不合理と認められるものと判断しました。

いと判断しているわけではありません。個々の事案ごとに待遇差が「不合理とはいえない」と判断しているわけです。訴訟リスクを回避するためにも、「同じように働いていながら、なぜ賃金が安くなるのか」という疑問が生じない賃金制度が望ましいことに変わりはありません。

3 職務給を採用した場合はどうなるか

　職務給を採用した場合には、同一価値の職務に対して同一の賃金が支払われるのが原則となるため、本来的には、定年後再雇用者に係る賃金格差の問題は生じないと考えられます。

　職務給を採用している企業においては、定年後再雇用者であっても、正社員との間で同一の職務を行っていれば同一の賃金が支払われることになるはずです。定年後再雇用だとか、パートタイム労働者・有期雇用労働者だとかに関係なくシンプルな制度設計となります。賃金が労務提供の対価であることに照らせば当然であり、平等・公平の理念にも適合しています。

　逆に、職務給を採用した上で、定年後再雇用者であることを理由に賃金を低額に抑える場合には問題が生じます。もちろん、事案によって異なるので一概にはいえませんが、少なくとも、職務給においては年功的要素がない分、賃金格差を合理的であると説明することは難しくなるものと思います[17]。

17　『多様な働き方』（前掲7）170-176頁では、定年退職後の継続雇用制度として、交替制の短時間勤務（ワークシェアリング）を導入する事例が紹介されています。この事例では、定年退職後にパートタイマーとして再雇用された労働者の賃金を、「定年時の時間給×労働時間×0.8」としています。

Q50　育児・介護休業法の短時間勤務等

　熟練労働者が、親の介護のためフルタイム勤務が困難となりました。当社としては、技能を持った労働者の離職を防ぐために、育児・介護休業法の短時間勤務等の措置として、短時間正社員制度の導入を検討しています。介護のために短時間正社員制度を導入する際の留意点について教えてください。

Ａ　育児・介護休業法の短時間勤務等の措置として、短時間正社員制度を導入する場合には、同制度一般の留意点に加えて、同法上の規制についても留意する必要があります。

【解説】

■1 育児・介護休業法の短時間勤務等の措置

　育児・介護休業法により、企業等は、労働者が要介護状態[18]にある対象家族[19]を介護するために、次のうちいずれか1つ以上の制度を設ける必要があります（育児・介護休業法23条3項、同法施行規則74条3項）。労働者は、短時間勤務等の措置を、利用開始日から3年以上の期間、2回以上取得することが可能です（ただし、④を除く）（育児・介護休業法施行規則74条3項但書）。

---

　①　短時間勤務制度
　②　フレックスタイム制度
　③　時差出勤の制度
　④　介護費用の助成措置

18　「要介護状態」とは、負傷、疾病または身体上の障害により、2週間以上の期間にわたり常時介護を必要とする状態をいいます。
19　「対象家族」は、配偶者（事実婚を含む）、父母、子、配偶者の父母、祖父母、兄弟姉妹、孫です。

❷ 均等待遇・均衡待遇

　上記❶の短時間勤務等の措置として、短時間正社員制度を導入した結果、短時間正社員とパートタイム労働者との労働時間が同じになる場合があります。この場合に、両者の間に不合理な待遇差を設けることは許されません（パートタイム・有期雇用労働法8条、9条）。不合理な待遇差を防ぐためには、職務内容を明確に整理した上で、これらの職務内容の相違を対象労働者に説明することは勿論のこと、仕事の割振りを実際に担当する管理職をはじめ、すべての労働者に対して十分周知させる必要があります。

　職務給においては、同一価値の労働に対して同一の賃金を支払うことが原則となっています。そのため、限定のない正規雇用労働者であっても、短時間正社員であっても、パートタイム労働者であっても、雇用形態の差異により不合理な待遇差が生じることはありません。他方で、賃金と職務内容との関係が曖昧となっているような賃金制度においては、待遇差について合理的に説明することが困難な場合もあると思います。

❸ 所定外労働・時間外労働・深夜労働の制限

　短時間正社員が育児・介護休業法の対象労働者である場合には、以下の通り、所定外労働・時間外労働・深夜労働について、それぞ

所定外労働	労働者が要介護状態にある対象家族を介護するために申請した場合、企業等は所定外労働を免除しなければなりません。
時間外労働	労働者が要介護状態にある対象家族を介護するために申請した場合、企業等は、1か月について24時間、1年について150時間を超える時間外労働をさせてはいけません。
深夜労働	労働者が要介護状態にある対象家族を介護するために申請した場合、企業等は深夜（午後10時から午前5時までの間）に働かせてはいけません。

れ制限が設けられているので注意が必要です。この規定は職務給を採用している場合にも適用されます。

4 不利益な取扱いの禁止及びハラスメントの防止

　育児・介護休業法においては、介護休業等を申出・取得したことを理由とする、解雇・雇止め・降格などの不利益な取扱いが禁止されています（育児・介護休業法16条、16条の4、16条の10、18条の2、20条の2、23条の2）。また、介護休業等に関するハラスメント防止対策を行うことは、事業主の義務です。この規制は職務給を採用している場合にも適用されます。

5 年次有給休暇における扱い

（1）年次有給休暇の概要

　使用者は、雇入れの日から起算して、6か月間継続し、全労働日の8割以上出勤した労働者に対して10日の年次有給休暇を与えなければなりません（労働基準法39条1項）。そして、その後、1年が経過するごとに、次表の通り、年休を付与する必要があります（労働基準法39条2項）。また、週所定労働時間が30時間未満のパートタイム等の労働者については、週所定労働日数に応じて、フルタイムの場合よりも少ない日数が比例付与されます（労働基準法39条3項）。

継続勤務年数	0.5	1.5	2.5	3.5	4.5	5.5	6.5
付 与 日 数	10	11	12	14	16	18	20

（2）出勤率

年次有給休暇の権利が発生するためには、次の算定式に基づく出勤率が８割以上であることが必要です。

$$出勤率＝\frac{出勤日数（算定期間の全労働日のうち出勤した日数）}{全労働日（算定期間の総暦日数から就業規則等で定めた休日を除いた日数）}$$

（3）年次有給休暇の出勤率算定における育児・介護休業の扱い

出勤率の算定における出勤日は、所定労働日のうち現実に労働した日数をいいますが、育児・介護休業法に基づく育児・介護休業の期間については、現実に労働をしていない日であっても、出勤したものとみなすとされています（労働基準法39条10項）。

Q51　傷病休職からの復帰

　私傷病により休職していた労働者から職場復帰の意思が示されました。当社は職務給を導入しており、当該労働者は職務（役割）が限定されています。こうした場合、職場復帰の可否を判断するにあたって留意すべき点を教えてください。

A　直ちに従前の職務（役割）に復帰できないとしても、比較的短期間で復帰することが可能である場合には、短期間の復帰準備期間を提供したり、復帰訓練措置をとったりすることが求められます。

【解説】

■1 傷病休職に係る「治癒」の意義

　傷病休職の場合、休職期間中に傷病が治癒すれば復職となり、治癒せずに休職期間が満了すれば自然退職または解雇となります[20]。そのため、職場復帰にあたっては「治癒」の意義がしばしば問題になります[21]。

　「治癒」の意義については、片山事件最高裁判決（最判平10年4月9日）が、病気療養のため現場監督業務の代わりに事務業務を希望した労働者に対して無給の自宅待機が命じられた事案において、「労働者が職種や業務内容を特定せずに労働契約を締結した場合においては、現に就業を命じられた特定の業務について労務の提供が十全にできないとしても、（…）当該労働者が配置される現実的可

20　傷病休職は、解雇を猶予することを目的とする制度であるといえます（菅野和夫『労働法（第12版）』弘文堂、742頁）。

21　エール・フランス事件（東京地判昭59年1月27日）では、休職期間満了時に従前の職務を支障なく行えるような状態にまでは回復していなくとも、当初は軽易業務に就かせればほどなく通常業務に復帰できるという状態であれば、使用者はそのような配慮を行う義務を負うとされています。

能性があると認められる他の業務について労務を提供することができ、かつ、その提供を申し出ているならば、なお債務の本旨に従った履行の提供があると解するのが相当である」と判示したことを応用する裁判例が相次いでいます。すなわち、傷病休職期間の満了時において、従前の業務に復帰できる状態ではないが、より軽易な業務に就くことができ、そのような業務での復職を希望する労働者に対しては、使用者は現実に配置可能な業務の有無を検討する義務があるとされています[22]。

2 職務（役割）が限定されている場合

職務給は職務を中心とした雇用制度に親和的であるため、職務給を採用した場合は雇用契約において労働者の職務（役割）を限定することも行いやすいと思います。この場合は、職場復帰の可否を判断するにあたって、配置可能な業務が限定されているので、職務（役割）が不特定な場合と比べて、使用者の配慮義務の内容や範囲が異なる可能性があります。

もっとも、職務（役割）が限定されている場合においても、労働者が、段階的に職場に復帰できるよう配慮する義務を負っていることには変わりはないものと思われます。具体的には、短期間の復帰準備期間を提供したり、復帰訓練の措置をとるなどすることにより、労働者が従前業務に復帰できるよう配慮することが信義則上は求められているといえます[23]。

22　JR 東海事件（大阪地判平11年10月 4 日）等
23　菅野和夫『労働法（第12版）』弘文堂、745頁

❸ 短時間勤務制度やフレックスタイム制の導入で 上記❷の配慮義務を履行することが容易に

　上記❷の配慮義務を履行するためには、企業等は、当該労働者の能力、労働契約上の職務（役割）の内容、傷病回復の程度等に応じて、復帰準備の措置を講じる必要があります。短時間勤務制度やフレックスタイム制などの多様な働き方を導入すれば、こうした措置を講じるにあたり、企業等の選択肢が増えることによって、当該労働者が従前業務に段階的に復帰することが容易になるものと思われます。

Q52　労働者派遣

　今般の働き方改革において、労働者派遣に関して、どのような改正がなされていますか。また、職務給を採用している企業等において、派遣労働者を導入する場合の留意点について教えてください。

A　今般の働き方改革では、不合理な待遇差を解消するため、派遣労働者の待遇を決定する際の規定（「均等・均衡方式」、「労使協定方式」）が整備されるとともに、派遣労働者に対する説明義務が強化されています。

　当該各規定に対応するためには、その前提として派遣先の職務内容等が把握されている必要がありますが、職務給を採用している企業等は、職務等級を構築するにあたって既に職務分析・職務評価を実施しているため、派遣先企業として派遣労働者を円滑に受け入れることが可能です。

【解説】

1　労働者派遣とは

　「労働者派遣」及び「派遣労働者」は、それぞれ、労働者派遣事業の適正な運営の確保及び派遣労働者の保護等に関する法律（以下「派遣法」という）2条において、次のように定義されています。

> 【労働者派遣】
> 　自己の雇用する労働者を、当該雇用関係の下に、かつ、他人の指揮命令を受けて、当該他人のために労働に従事させることをいい、当該他人に対し当該労働者を当該他人に雇用させることを約してするものを含まないものとする。
> 【派遣労働者】

事業主が雇用する労働者であって、労働者派遣の対象となる
ものをいう。

② 働き方改革における改正点

　派遣法の目的の一つには、派遣労働者の保護を図ることがありますが（派遣法１条参照）、今般の働き方改革では、この目的を強化するために、次のような改正がなされています。

（1）均等・均衡待遇方式

　次の通り、派遣労働者と派遣先に雇用される通常の労働者との間において、均等・均衡待遇が規定されています（派遣法30条の３）。当該規定は、パートタイム・有期雇用労働法８条、９条と同趣旨のものです。

　また、派遣労働者と派遣先の労働者との間の均等・均衡待遇を実現するためには、その前提として派遣元において派遣先の労働者の待遇を把握する必要があります。そのため、派遣法においては、新たに、派遣先の派遣元に対する情報提供義務が規定されました（派遣法26条７項～10項）。

【均衡待遇（派遣法30条の３第１項）】
　派遣元事業主は、その雇用する派遣労働者の基本給、賞与その他の待遇のそれぞれについて、当該待遇に対応する派遣先に雇用される通常の労働者の待遇との間において、当該派遣労働者及び通常の労働者の職務の内容、当該職務の内容及び配置の変更の範囲その他の事情のうち、当該待遇の性質及び当該待遇を行う目的に照らして適切と認められるものを考慮して、不合理と認められる相違を設けてはならない。

【均等待遇（派遣法30条の３第２項）】

　派遣元事業主は、職務の内容が派遣先に雇用される通常の労働者と同一の派遣労働者であって、当該労働者派遣契約及び当該派遣先における慣行その他の事情からみて、当該派遣先における派遣就業が終了するまでの全期間において、その職務の内容及び配置が当該派遣先との雇用関係が終了するまでの全期間における当該通常の労働者の職務の内容及び配置の変更の範囲と同一の範囲で変更されることが見込まれるものについては、正当な理由がなく、基本給、賞与その他の待遇のそれぞれについて、当該待遇に対応する当該通常の労働者の待遇に比して不利なものとしてはならない。

（２）労使協定方式

　過半数労働組合または過半数代表者（過半数労働組合がない場合に限ります）と派遣元との間で一定の事項を定めた労使協定を書面で締結し、労使協定で定めた事項を遵守しているときは、教育訓練及び福利厚生施設に係る待遇を除き[24]、派遣労働者の待遇は、この労使協定に基づき決定されることになります（派遣法30条の４）。

　労使協定には、同法各号に掲げる事項を定める必要がありますが、これらのうち賃金の決定方法に関しては、派遣労働者が従事する業務と同種の業務に従事する一般労働者の平均的な賃金の額と同等以上の賃金額[25]になるものとしなければなりません（派遣法30条の４第１項２号イ）。

24　労使協定方式による場合であっても、教育訓練（派遣法40条２項）及び福利厚生施設（同条３項）については、労使協定の対象とはならないため、派遣元は、派遣先の通常の労働者との均等・均衡待遇を確保する必要があります。

25　賃金額の水準については、派遣法施行規則25条の９及び令元年７月８日職発0708第２号を参照

（3）明示義務及び説明義務

　派遣労働者が待遇に関して不公平感を抱かないよう、次の通り、雇入れ時、派遣時、派遣労働者から求めがあった場合の派遣労働者に対する待遇に関する説明義務（派遣法31条の２第２項〜４項）が強化されています。

ア　雇入れ時の明示・説明
(i)　雇入れ時の明示
　派遣元は、派遣労働者に対して、雇入れ時にあらかじめ、労働基準法15条に基づく労働条件の明示に加えて、次の事項を明示する必要があります（派遣法31条の２第２項１号、同法施行規則25条の16）。

---

①　昇給の有無
②　退職手当の有無
③　賞与の有無
④　労使協定の対象となる派遣労働者であるか否か
　　（対象である場合には、労使協定の有効期間の終期）
⑤　派遣労働者から申出を受けた苦情の処理に関する事項

　また、派遣元は、雇入れ時に明示しなければならない事項を事実と異なるものとしてはなりません（派遣法施行規則25条の17）。
　明示の方法は、文書（書面）の交付または派遣労働者がファクシミリや電子メール等の送信を希望した場合の当該方法とされています（派遣法施行規則25条の15）。
(ii)　雇入れ時の説明
　派遣元は、派遣労働者に対して、雇入れ時にあらかじめ、書面の活用その他の適切な方法により、次の事項を説明する必要があります（派遣法31条の２第２項２号、同法施行規則25条の18）。

①　派遣先均等・均衡方式によりどのような措置を講ずるか
②　労使協定方式によりどのような措置を講ずるか
③　職務の内容、職務の成果、意欲、能力または経験その他の
　就業の実態に関する事項を勘案してどのように賃金を決定す
　るか

イ　派遣時の明示・説明

(i)　派遣時の明示

　派遣元は、派遣労働者に対し、派遣時にあらかじめ、文書の交付
等により、派遣法34条1項に基づく就業条件の明示に加えて、労働
条件に関する次の事項を明示する必要があります（派遣法31条の2
第3項1号、同法施行規則25条の20）。

①　賃金（退職手当及び臨時に支払われる賃金を除く）の決定
　等に関する事項
②　休暇に関する事項
③　昇給の有無
④　退職手当の有無
⑤　賞与の有無
⑥　労使協定の対象となる派遣労働者であるか否か（対象であ
　る場合には、労使協定の有効期間の終期）

(ii)　派遣時の説明

　派遣元は、派遣労働者に対し、派遣時にあらかじめ、書面の活用
その他の適切な方法により、次の事項を説明する必要があります（派
遣法31条の2第3項2号、同法施行規則25条の18）。

①　派遣先均等・均衡方式によりどのような措置を講ずるか

② 労使協定方式によりどのような措置を講ずるか（業務の遂行に必要な能力を付与するために実施する教育訓練（派遣法40条2項の教育訓練）と給食施設、休憩室及び更衣室（同法40条3項の福利厚生施設）に係るものに限る）

③ 職務の内容、職務の成果、意欲、能力または経験その他の就業の実態に関する事項を勘案してどのように賃金を決定するか

ウ 派遣労働者から求めがあった場合の説明

派遣元は、情報提供義務等（派遣法26条7項、10項、40条5項）のもと、派遣先から提供を受けた比較対象労働者の待遇等に関する情報に基づき、派遣労働者と比較対象労働者との間の待遇の相違の内容及び理由等について説明する必要があります（派遣法31条の2第4項）。

また、派遣元は、派遣労働者が説明を求めたことを理由として、解雇その他不利益な取扱いをしてはいけません（同法31条の2第5項）。

（ⅰ）**均等・均衡方式の場合**[26]

【待遇の相違の内容に関して】

次の事項を説明する必要があります。

① 派遣労働者及び比較対象労働者の待遇のそれぞれを決定するにあたって考慮した事項の相違の有無

② 「派遣労働者及び比較対象労働者の待遇の個別具体的な内容」または「派遣労働者及び比較対象労働者の待遇の実施基準」

---

26 派遣元事業主が講ずべき措置に関する指針（令2年厚生労働省告示346号改正）第2の9(1)

【待遇の相違の理由に関して】

　派遣労働者及び比較対象労働者の職務の内容、職務の内容及び配置の変更の範囲その他の事情のうち、待遇の性質及び待遇を行う目的に照らして適切と認められるものに基づき、待遇の相違の理由を説明する必要があります。

(ii)　労使協定方式の場合[27]

【一般労働者の平均的な賃金額以上であること】

　協定対象派遣労働者の賃金が、次の内容に基づき決定されていることについて説明をする必要があります。

　　①　派遣労働者が従事する業務と同種の業務に従事する一般労働者の平均的な賃金の額と同等以上であるものとして労使協定に定めたもの

　　②　労使協定に定めた公正な評価

【待遇に不合理な相違がないこと】

　協定対象派遣労働者の待遇（賃金、派遣法40条2項の教育訓練及び同条3項の福利厚生施設を除く）が派遣元に雇用される通常の労働者（派遣労働者を除く）との間で不合理な相違がなく決定されていること等について、均等・均衡方式の場合の説明の内容に準じて説明をする必要があります。

3 職務給を採用している場合

　職務給を採用している場合も、派遣法の規定を遵守する必要があることに変わりはありません。

　上記の通り、今般の働き方改革では、派遣労働者と派遣先労働者

27　前掲26　第2の9(2)

との間の均等・均衡待遇、派遣元に対する情報提供義務、派遣労働者に対する説明義務等が規定されました。これらの規定に対応するためには、その前提として派遣先の職務内容や職責が把握されている必要があります。この点、職務給を採用している企業等は、職務等級を構築するにあたって既に職務分析・職務評価を実施しているため、派遣労働者を円滑に導入することが可能だといえます。

おわりに

職務給の時代は来るのか？

1．働き方改革の「同一労働同一賃金」から考える

　働き方改革として「同一労働同一賃金」の実現が政府の政策目標とされ、ガイドラインが出されました。多くの企業が、このガイドラインに沿った対応を検討していると思います。

　しかし、ここで注意しなければならないのは、働き方改革のなかで求められた「同一労働同一賃金」は、非正規雇用労働者の待遇格差を是正するということに限った政策目標なのかということです。

　終身雇用、年功賃金を土台とした日本の雇用慣行を前提に、非正規雇用労働者の賃金が安すぎるというような、特別に不合理なところだけを是正していくという限定的なもののようにも見えますが、非正規雇用労働者の待遇改善とはいわず、「同一労働同一賃金」と表現したことから、日本の雇用慣行を全体的に「同一労働同一賃金」にするというように根本から変えようとする大きな目標の第一歩のように期待もされます。

　ここで、仮に日本の雇用慣行を全体的に「同一労働同一賃金」にする第一歩だとすれば、終身雇用、年功賃金を土台とした日本の雇用慣行で典型的な賃金制度として社会に受け入れられてきた「職能給」は、「同一労働同一賃金」の波の中でやがて見直されていく運

命にあるといえるかもしれません。

　それは、「職能給」では、定年まで勤めあげる期間を通じての、何となくの平等感はあるのかもしれませんが、ある時点でみれば、年功的要素が能力として賃金に反映されるため、「同一労働同一賃金」とはならないことが多いからです。「若手とベテランで同じ仕事をしているのに、給料はまったく違う」という事態になるわけです。

　このような事態に不満がなければよいのですが、終身雇用が事実上約束されなくなってきている今日において、従来の「職能給」で、今後も平等・公平だと思えるのかどうか、この先の見通しが大事になってくると思います。

２．近時の判例から考える

　平成30年６月に「長澤運輸事件」「ハマキョウレックス事件」、令和２年10月には、「メトロコマース事件」「大阪医科大学事件」「日本郵便３事件」というように、「日本版同一労働同一賃金」に関する最高裁判所の判決が続けて出されました。

　これに対応して、多くの企業は、判例と比較して自社に違法リスクとなるところはないか、違法にならない諸手当等の定め方にしようと検討されていると思います。多くの法律家によって、「日本版同一労働同一賃金」への対応をアドバイスする書籍もたくさん出されています。

　しかし、これは非正規雇用労働者が正規雇用労働者との待遇差の是正を求めた個別の裁判だということに注意をする必要があります。

　裁判所は、訴えの範囲で判断を示すのであり、訴えられていない事項については判断をしません。こうすれば安心だという基準を示

すことも本来的な役割ではありません。一つひとつの判例や裁判例が出るたびに、継ぎはぎの対応で乗り切ろうとしても限界があります。

　ここで、なぜ裁判が起こるのかということを考える必要を感じます。労働者に不満があるからです。同じ仕事をしているつもりなのに待遇差があり、不平等・不公平だと感じるから不満となり、裁判となるのです。

　労働者側の不満に対しては、一見同じ仕事に見えても仕事の分担や責任が違うのだとか、管理職育成のための転勤がある人は賃金が高いのだ、などと企業側は様々な理由を述べて反論をします。

　しかし、このような労働者の不満は、企業の発展にとって良いはずはありませんし、個々に理由をつけて説明をすること自体も大変な労力です。そこで、いっそのこと、不満の根本である待遇差をなくせばよいと考える企業も出始めるのです。

　このように考えると、「同一労働同一賃金」の裁判で争われている問題は、実は非正規雇用労働者と正規雇用労働者との待遇差に限った問題ではないと思えてきます。正規雇用労働者間の待遇差も、今後仮に労働者の不満が大きくなると、同じように裁判になる可能性もありますし、待遇差を設ける説得的な理由が必要になってくるわけです。

３．格差解消のための原資をどう確保するか

　さて、ガイドラインや判例・裁判例に沿って待遇差を解消しようとする場合、その原資をどうするのかが多くの企業で問題になると思います。正規雇用労働者の賃金をそのままにして非正規雇用労働

者の待遇を改善させるというのであれば、単純に人件費総額がその分だけ増えるということになります。人件費総額を増やさずに待遇差を解消しようとすれば、正規雇用労働者の待遇の一部を非正規雇用労働者に移し、格差を改善していくしかありません。企業にとっても、正規雇用労働者にとっても大問題です。

　原資の話となれば、経営環境の変化が激しい今日において、そもそも正規雇用労働者の賃金原資を各企業が終身雇用、年功賃金のまま確保し続けられるのかということ自体も問題です。

　逆に労働者からすれば、終身雇用、年功賃金を土台とした日本の雇用慣行では、自分の労働力を提供するのは、個々の企業内マーケットが基本となりますが、今後も個々の企業内マーケットに頼って大丈夫なのかという問題となります。

　企業が、激しい環境変化のなかで機動力を発揮して生き残るためには、即戦力となる人材を確保することが極めて重要となります。社内教育を通じた人材育成だけでは対応できないかもしれません。他方で、労働者は、個々の企業内マーケットだけにとらわれるのではなく、自分の持つ技能や専門性を外部労働市場も視野に、どこに提供するのかを考え、各労働者の持つ技能や専門性が最も必要とされるところで活かされ、生産性が向上すれば、社会全体としての労働者の賃金原資を増やすことにつながるかもしれないという議論は、昔からなされていたと思います。

　要は、今後、労働者の賃金を増やしていく原資をどのように確保していくかということですが、今日の経営環境のなかで、そもそも個々の企業に労働者を雇用し続ける責任、原資の確保を基本的にすべて押し付ける終身雇用システムでよいのかという問題があるようにも思います。

４．「職務給」に賃金制度を変える選択肢について

　年功賃金を土台とした日本の雇用慣行にとらわれることなく、賃金格差についての労働者の不満を解消するためには、「同一労働同一賃金」をシンプルに制度化した「職務給」への変更をまずは検討することになります。

　しかし、「職務給」へ変更することには、決断できない大きな不安があると聞くことがあります。労働者にとって不利益変更になるからそもそも変更は無理であるということもよく聞きます。正直にいって、本書の執筆者の中でも、当初は、「職務給」への変更はかなりハードルが高いと感じていた者もおりました。

　「職務給」が今後の選択肢になり得るかということを考える場合、まずは、「職務給」のことを十分に理解することが必要だと思います。本書では、共編著者である人事コンサルタントの西村聡先生が導入を進めている「職務給」を念頭に置いて検討しました。詳しくは次のような書籍が参考になります。

- ・西村聡『職務分析・職務評価の基礎講座』（労働新聞社）
- ・西村聡『同一労働同一賃金を実現する職務分析・職務評価と賃金の決め方』（日本法令）
- ・西村聡『多様な働き方を実現する役割等級人事制度』（日本法令）
- ・西村聡『賃金設計実務講義』（日本法令）

　これらの職務給の考え方は、よく誤解されるところですが、近時用語が飛び交う「ジョブ型」（職務限定契約）を前提としたものではありません。その点で、現在の日本社会では受け入れやすい制度設計だと思います。

5．人事コンサルタントと弁護士の協働

　本書は、長年にわたり職務給を研究し、導入を支援されてきた人事コンサルタントの西村聡先生と、筆者たち弁護士が、まさに協働して執筆をしたものです。

　「不合理でなければよい」という法律家に対し、「平等・公正であるべき」と語るコンサルタントとの対話は、本来法律家こそが労働者の立場を理解し、ひいては企業の発展のためにも熱く語らなければならないのではないかと思い返させられることもしばしばでした。

　法律の堅苦しい解説のなかで時折登場する西村聡先生のコラムは、ときに難解ですが、熱く、深く、思い入れを強く感じさせ、企業の生命力に訴えかけるかのようです。

　西村聡先生には、共著者の弁護士を代表して、厚く御礼申し上げます。

　そして、多数の共著者の原稿を何度も校正してくださった株式会社日本法令の白山美沙季さんに感謝を申し上げます。

　また、日本法令の岩倉春光取締役は、「職務給の時代は来る」という企画の最初から支援を続けてくださいました。ありがとうございました。

令和3年7月
弁護士の執筆者を代表して
久保原和也

◆ 編著者略歴 ◆

久保原 和也（くぼはら かずなり）

弁護士（第一東京弁護士会）。
長野県出身。
同志社大学法学部卒業後、教育事業会社、人材開発会社にて、主として学生や労働者の主体的なキャリア形成を支援する事業部門を担当。その後、京都大学法科大学院修了。
平成20年　九帆堂法律事務所を開設。
（元）総務省年金問題第三者委員会委員（平成22年から平成24年）。
仲裁 ADR 法学会員。
日本弁護士連合会代議員（平成30年、平成31年）。
第一東京弁護士会常議員（平成23年、平成26年）。
著者：『事件類型別法律家のための年金・保険Q＆A』（共編、新日本法規出版）ほか

西村 聡（にしむら さとし）

　大学卒業後、大日本スクリーン製造株式会社で管理・企画業務を担当。その後、公益財団法人関西生産性本部に入局し、主任経営コンサルタントとして活動。平成22年6月に独立し、株式会社メディンを設立、代表経営コンサルタント。経済学修士。近畿大学、株式会社日本マンパワーマネジメントコンサルタント、職務分析・職務評価研究センター長。NPO法人企業年金・賃金研究センター上席講師。

　日本経営診断学会、日本労務学会、経営行動科学学会、日本経営工学会、日本経営システム学会正会員、日本労働ペンクラブ会員。

　主として、ビジネスプロセスの構築及び変革から経営革新につながる人事制度改革、生産現場革新、業務改革の指導をする。現場を重視した実践的な指導で製造業、小売業から学校、病院まで数多くの業種の現場に立つ。

　平成21年日本経営診断学会第42回全国大会にて診断事例研究報告「成果主義人事制度が従業員意識に与える影響に関する一考察」で優秀賞を受賞。
著書・論文：『役割等級人事制度導入・構築マニュアル』『賃金コンサルタント養成講座』『人事コンサルタント養成講座』『役割等級人事制度のための賃金設計実務講義』『経営戦略を実現するための目標管理と人事考課制度』『「多様な働き方」を実現する役割等級人事制度』『職種ごとの事例でわかる役割等級人事制度による病院の経営改革』（以上、日本法令）、『職務分析・職務評価の基礎講座』（労働新聞社）、『賃金の本質と人事革新』（三修社）、「生産革新が組織活性化につながる条件を考える」（日本IE協会）、「経営戦略を実現するための人事制度とは」（日本医療企画『医療経営フェイズ3』）、雑誌「労働と経済」（労働開発研究会）、「ビジネスガイド」（日本法令）にて連載執筆など多数。

◆ 著者略歴 ◆

髙橋 優介（たかはし ゆうすけ）

弁護士（第一東京弁護士会）。
千葉県出身。
立教大学法学部卒業。千葉大学法科大学院修了。
平成26年　九帆堂法律事務所入所。
第一東京弁護士会常議員（令和元年）。

伊藤 洋実（いとう ひろみ）

弁護士（第一東京弁護士会）。
愛知県出身。
同志社大学法学部卒業。中央大学法科大学院修了。
平成28年　九帆堂法律事務所入所。
第一東京弁護士会常議員（平成30年）。

原田 宜彦（はらだ よしひこ）

弁護士（第一東京弁護士会）。
島根県出身。
横浜国立大学教育人間科学部卒業。首都大学東京法科大学院修了。
平成29年　九帆堂法律事務所入所。

伊藤 和貴（いとう かずき）

弁護士（第一東京弁護士会）。
東京都出身。
東京大学法学部卒業。東京大学法科大学院修了。
平成30年　九帆堂法律事務所入所。

職務給の法的論点

人事コンサルタントによる導入実務を
ふまえた弁護士による法律実務Ｑ＆Ａ　　令和3年9月10日　初版発行

 日本法令®

検印省略

〒 101-0032
東京都千代田区岩本町1丁目2番19号
https://www.horei.co.jp/

共編著　久保原　和　也
　　　　西　村　　　聡
発行者　青　木　健　次
編集者　岩　倉　春　光
印刷所　丸井工文社
製本所　国　宝　社

（営　業）TEL　03-6858-6967　　Eメール　syuppan@horei.co.jp
（通　販）TEL　03-6858-6966　　Eメール　book.order@horei.co.jp
（編　集）FAX　03-6858-6957　　Eメール　tankoubon@horei.co.jp

（バーチャルショップ）　https://www.horei.co.jp/iec/
（お詫びと訂正）　https://www.horei.co.jp/book/owabi.shtml
（書籍の追加情報）　https://www.horei.co.jp/book/osirasebook.shtml

※万一、本書の内容に誤記等が判明した場合には、上記「お詫びと訂正」に最新情報を
　掲載しております。ホームページに掲載されていない内容につきましては、FAX また
　はEメールで編集までお問合せください。

・乱丁、落丁本は直接弊社出版部へお送りくださればお取替えいたします。
・ JCOPY 〈出版者著作権管理機構 委託出版物〉
　本書の無断複製は著作権法上での例外を除き禁じられています。複製される場
　合は、そのつど事前に、出版者著作権管理機構（電話 03-5244-5088、
　FAX03-5244-5089、e-mail: info@jcopy.or.jp）の許諾を得てください。また、
　本書を代行業者等の第三者に依頼してスキャンやデジタル化することは、たと
　え個人や家庭内での利用であっても一切認められておりません。

©K.Kubohara, S.Nishimura 2021. Printed in JAPAN
ISBN 978-4-539-72850-5